陰山流

新・おうち学習戦略

陰山英男

Gakken

おうちは塾を超えることができる

……まえがきに代えて

子どもの学力に不安を抱く親が増えてきた

「学校の宿題が少ない気がする」
「ちゃんと理解しているのかわからない」
「このままで大丈夫だろうか」

学校の指導内容、それに伴う子どもの学力について、私のもとに心配の声が寄せられるようになってきたのは、2017年～2019年頃でした。

学習指導要領の改訂で授業内容は増えているのに、基礎学力が身についていないように感じる保護者が多くなってきたようです。

実際、小学校で勉強する内容の難易度は上がっています。

階級、最頻値、ドットプロット。

これらは今の小学校6年生の算数で学習する言葉なのですが、何の言葉かわかるでしょうか。

答えは、統計で使われる言葉です。階級はデータを整理するために用いる区間、最頻値はデータの中で最も多く出る値、ドットプロットは数直線上にデータを点で置いて表した図のことを指します。子どもにとって決して簡単と言えない概念を小学校で勉強するようになっています。

計算にしても、十数年前は単純な分数計算ができればよかったものが、今は分数と小数が混じり、それを（　）でくくって計算しないといけません。

ボリュームも増えています。こうした内容が書かれた6年生算数の教科書のページ数は280ページ前後にもなります。**今の子どもが求められている学習は、以前と違い、すごく高度で、内容も多い**のです。

これが、「ゆとり教育」から「脱ゆとり教育」へのシフトと言えます。**今までのような学習ではついて行けない**ということを考えておかないといけないのです。

大変なことになっていると驚かれるでしょう。確かに、教育に対して受け身で流されるままだと、子どもが勉強についていけなくなってしまう可能性があります。子どもが「学校の勉強がわからない」と言い出して、教科書を見てみる。すると自分たちの時代のものとは違っていて、どうしていいかわからず途方に暮れる。

このようなことがあちこちで起きるかもしれません。

「もう塾に頼るしかない」という結論を出す家庭が多くなるのではないでしょうか。

また、教育の現場は現在、さまざまな課題を抱えています。

子どもの学力低下、不登校の増加、児童・生徒の問題行動、教員不足……。数え上げるときりがありません。

コロナ禍に行われた学校の一斉休校も、保護者の不安に拍車をかけました。

このような保護者の不安を背景にして、日本中にさまざまな塾ができています。駅前に立ち並ぶ多くの塾の選択に迷った経験を持つ家庭も多いでしょう。塾の広告には刺激的な宣伝文句があふれています。

しかし塾の費用は高く、その捻出のために家計のやりくりをするのも大変です。親の経済格差が教育格差につながってしまうおそれもあります。実際、親の経済力による子どもの学力差を指摘するデータは多くあります。

学力を上げるにはそれなりの方法がある

一方、私のTwitterには私が驚くような学力向上をしている親子の声が寄せられています。

> 4年生で中受のために塾通いです。
> 塾の宿題量が半端ないので、5分ドリルに助けられてます。
> 国語と社会（地理分野）がヤバかったのですが、5分ドリル読解・社会をやり始めて安定してきました。
> 毎日負担なく積み重ねられる事がいかにありがたいか。
> これからもよろしくお願いします！
>
> ※5分ドリル…『早ね早おき朝5分ドリル』（Gakken）。

中1の1学期は数学赤点だった息子は中1秋から百ますドリルを始め、1か月後にはクラスでタイムが1番になり、陰山先生のツイッターで5年生の算数ドリルを追加し、塾なしで百ますと5年生の算数のみ（毎日合計15分程度）で中2の2学期末の数学初の80点台&成績5になりました。

ほかにも、家庭学習で成績を上げた子どもの話は数えきれません。

Twitterで学習指導した小学3年生は、数か月で割り算のプリントがらくらく解けるようになりました。小学校入学当初は学習面でかなり心配のあった子です。

コロナ休校を機に家庭学習に取り組み始め、約1年ほどで大手塾の算数偏差値が64に達した子どももいます。低学年の頃には計算問題しかできなかった4年生です。

私が学校で指導した子どもの中には、低学年の頃は授業についていけなかったのに、小学校の卒業時にはトップクラスの成績になった子も多くいます。

福岡県の田川市は、私と教育委員会で協力し、コロナ休校期間中の家庭学習で成績を上げ、全学年が全国平均を大きく超えることができました。

このように、きちんとした方法で学習すれば、勉強が苦手な子はできるように、もともとできる子はよりできるようになるのです。

保護者に潤沢な資金がなくても、**子どもの学力を上げる具体的な方法を知っていれば学力を伸ばすことはできます。**

子どもの学力はおうちで伸ばせる

前述のように、学校は多くの課題を抱えています。

教師の数は足りず、ＰＴＡの在り方も問われており、不登校の子どもが増えています。言い換えれば、教師も、親も、子どもも、学校から逃げ出している状況です。

こうなると、**小学生の学力は、家庭、つまり〝おうち〟が担う必要が出てきているということです。**

世界的に見ても、日本の学力の〝地盤沈下〟が見られます。そこから子どもを救うのは家庭の役割だと私は思います。

わが子に合った方法で学力を身につける戦略を立てれば、家庭は塾を超えることができるのです。

本書は、**年中・年長の幼児から小学校6年生までの子どもを持つ親に向けて、家庭学習の方法、教材の使い方などを紹介していきます。**

学校の授業が物足りない、子どもの学習の遅れが気になる、塾に行かせる気はないけれど高校は地域のトップ校に入れたい、子どもが不登校気味である、などの家庭ごとの状況や目標に対応できる方法です。中学受験の準備をしたい家庭には必須です。

小学校は一生モノの学力を固める大切な時期です。本書でわが家の目標と、そこに至る戦略を立てましょう。

陰山 英男

陰山流　新・おうち学習戦略　もくじ

第2章

戦略を持つ保護者は強い ～おうち学習計画の立て方

第3章 音読、百ます計算、漢字は勉強の筋トレ ～おうち学習の具体的マニュアル

第5章 子どもの実り豊かな人生のために

序章

これからの時代、子どもの学習を“おうち”が担う理由

\ Part /

01

「できる子」と「できない子」の二極化が深刻化している

フタコブラクダ現象の変化

昔から、勉強が苦手な子どもは一定数いました。私が現場の教員だった頃にも、もちろん私が子どもの頃にもいました。

現在と違うのは、学力の分布がなだらかだったことです。学力の中央値は平均値とほぼ一致していました。

それが、勉強が「できる層」と「できない層」に二極化していると指摘され始めたのは2000年代に入ってからのことです。**学力が、さながらフタコブラクダのコブのように2つの山に分かれて分布している**と言われるようになりました。

学力のフタコブラクダ現象

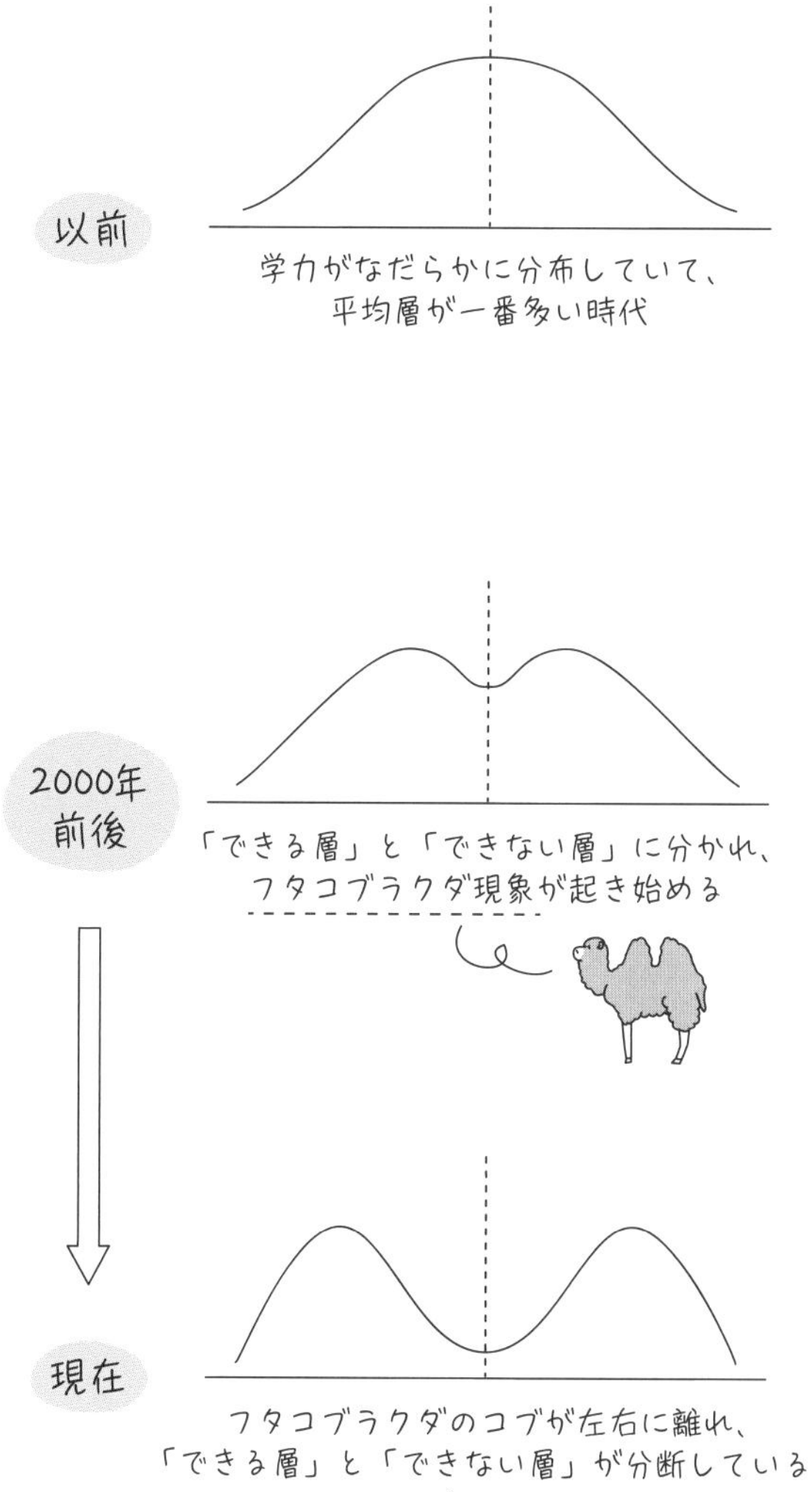
以前
学力がなだらかに分布していて、
平均層が一番多い時代
2000年
前後
「できる層」と「できない層」に分かれ、
フタコブラクダ現象が起き始める
現在
フタコブラクダのコブが左右に離れ、
「できる層」と「できない層」が分断している

2000年代当時の背景にはゆとり教育があったのですが、学習指導要領が改訂され、ゆとり教育から舵を切った現在でも、フタコブラクダ現象は解消されていないようです。

私は、むしろ**2つの山がさらに離れてしまった**印象を受けています。学力が0点から100点ではなく、マイナス150点からプラス150点まで分布しているイメージです。小学校1年生の時点で高学年の学力レベルを持つ子も珍しくなく、高学年になると中学・高校レベルの問題を解く子もいます。

一方で、6年生になってもかけ算・割り算どころか、足し算・引き算すらあやふやな子どももいます。**以前と違って、問題行動のない、まじめな子の中にも基礎学力をつけないまま高学年になってしまった子がいます。**

クラス差、学校差、地域差もある

近年は環境による差も大きくなっています。

まず、**クラスの差、学校の差**があります。学級崩壊は珍しい話ではありません。一度学級崩壊すると、その学力への悪影響は長く残ります。

そのようなクラスが多い学校とそうでない学校との間に学校差が生じ、地域にそのような学校が多いほどその地域全体で学力が落ちていくでしょう。さらに、地方自治体によって教育に対する取り組み方の違いも大きくなっています。

ほとんどの子どもが中学受験をするような地域では、上のほうで一つのコブになっていても不思議ではありません。一方、経済的な困窮で学力どころか食事すらままならない家庭が多い地域もあります。

実際、世帯年収が高い家庭の子どもほど勉強している、学力が高いというデータは多くあります。地頭《じあたま》のよさや塾通いがその要因と言われがちですが、家庭が教育に前向きであれば、わずかな資金でも子どもを伸ばすことはできます。親が希望を捨てないこと、それが一番大切なのです。

家庭でどんな学習をするか、どうしていくのかを考えている家庭の子どもは学力が高いわけです。家庭に戦略があれば、学校や環境に頼る必要はありません。

Summary

学校から自立し、おうち学習戦略を立てましょう。

\ Part /

02

学校が機能しなくなってきて学力の〝地盤沈下〟が深刻化している

PISAに表れる日本の学力低下

最初に日本の子どもの学力低下が大きな問題として扱われるようになったのは、2003年に実施されたPISA（国際学力調査）の結果が下落したのがきっかけでした。PISAは15歳の子どもを対象として、学力到達度を3年ごとに測る国際的な調査です。

しかしよくよく見ると、直近の2018年の結果は、その問題となった2003年とほぼ同じくらいの結果です。

最新のPISAはコロナ禍で延期されて2022年に行われました。結果は

PISA国際学力テストにおける日本の成績の推移

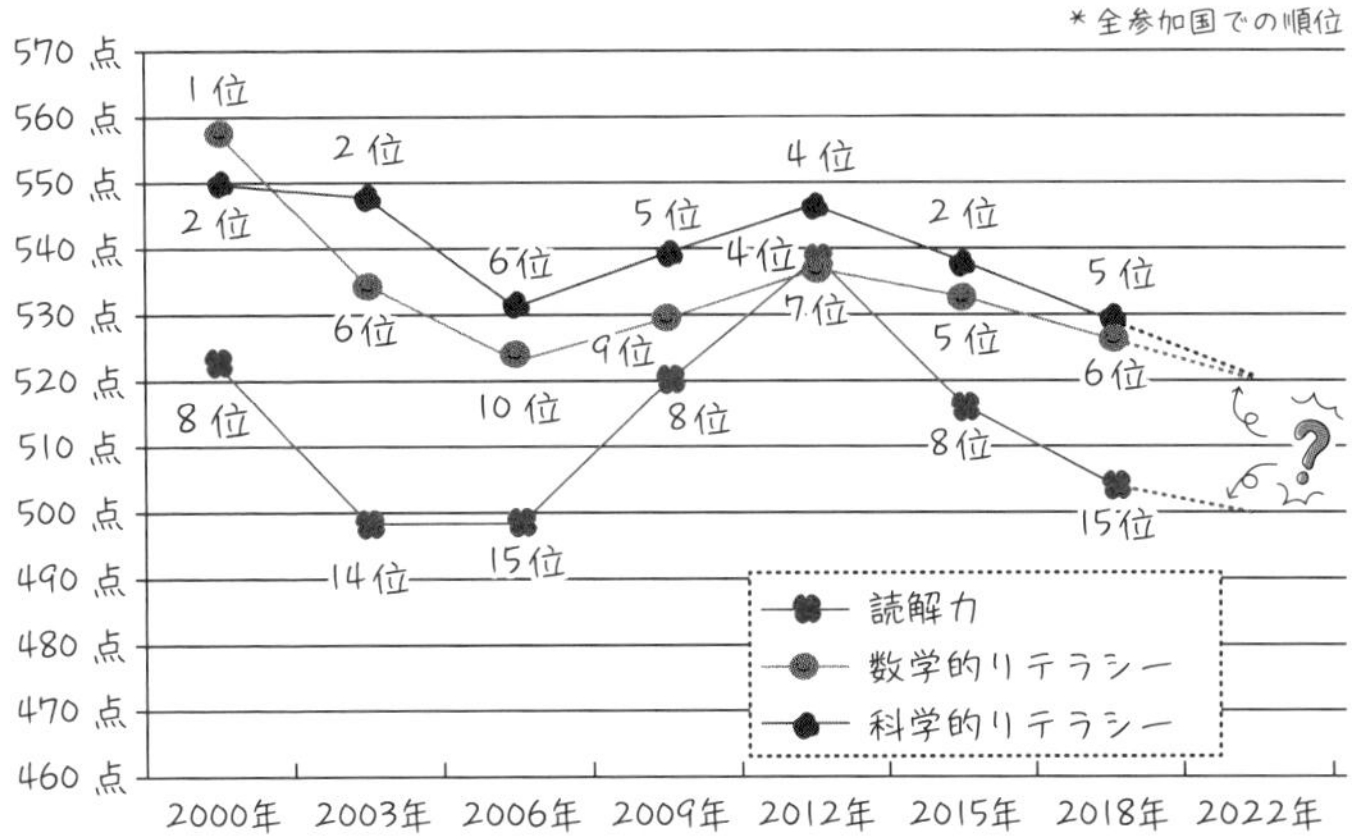

国立教育政策研究所「OECD生徒の学習到達度調査」(要約)

2023年に発表される予定になっています。

この2022年の結果も、私は非常に残念なものになるのではないかと恐れています。過去最低記録になってしまうかもしれないからです＊。

教員不足と教師のワーク・ライフ・バランス

私がこのようなネガティブな予測をするのは、**学校の機能が弱まっている**からです。

2021年度は小・中学校の教員が約2000人近く不足していたという報告があります。臨時講師を集めたうえでの2000人です。正規雇用の教員は、万単位で足りていないのが実態でしょう。

教職が避けられている背景の一つに教師の多忙

さがあり、現在は**「教師の働き方改革」**が実施されています。

もちろん教師の長時間労働を解消して、ワーク・ライフ・バランスの実現を目指すべきです。ただ、その方法が何でもよいわけではありません。


たとえば中央教育審議会・学校における働き方改革特別部会の答申で、**学習評価や成績処理が「教師の業務だが、負担軽減が可能な業務」とされました。**

テストの○付けをするのは先生でなくてもよいというのですが、そんなことはありません。○付けは子どもたちの習熟度を測る大切な作業です。自分が受け持つクラスの子どもがどこでつまずいているのか、理解が足りないところはどこかをチェックするのです。○付けをしないと、つまずきを見逃してしまいます。


また、業務を減らすために宿題を減らしているところもあります。宿題は多ければよいわけではありませんが、**学習に演習は欠かせません。**

中には、計算ドリルを配布するのもやめた学校もあるようで、私には信じられないことです。最近は、子どもの学力が低いと「塾に行かせてください」と言う教師もいるそうです。

一方で、教科書のボリュームは増えています。ページ数と判型の大判化を合わせると、**20年前に比べ、実質2倍くらい**の分量です。

お父さんお母さんが想像する量よりもはるかに多いのです。そのために演習が減り、先生も習熟度を確認できないとなると、学力の定着度を上げることは難しいでしょう。

＊追記　２０２３年12月にＰＩＳＡ２０２２の結果が公表されました。日本は、全参加国中の順位が数学的リテラシーで5位、読解力で3位、科学リテラシーで2位となりました（文部科学省・国立教育政策研究所の発表より）。日本の子どもたちの順位が上がっていて本当によかったです。日本の学習レベルが上がって、その成果が出たといえます。

ただ、その過程で多くの不登校児童・生徒が出ているのも事実です。授業についていけない子が増えているとも考えられるため、今後も注意深くみていかないといけないと思います。

Summary

学校だけにたよっていては、学力が低下するリスクがあります。

\ Part /

03

学校から逃げ出す子ども、荒れる子どもが増えている

不登校が増えている

２０２１年にも、気になる調査結果が出ました。２０２０（令和２）年度には不登校児童生徒数が19万人を超えた、と私はショックを受けていましたが、その翌年の**２０２１（令和３）年度にはさらに５万人近くの不登校児童生徒が増えた**というのです。

不登校児童生徒数の増加はこれで９年連続となり、10年前と比較すると小学生は約３・６倍、中学生は約１・７倍となっています。

以前は不登校が問題になるのは、勉強が難しくなる中学１～２年生とされていまし

不登校児童生徒数の推移

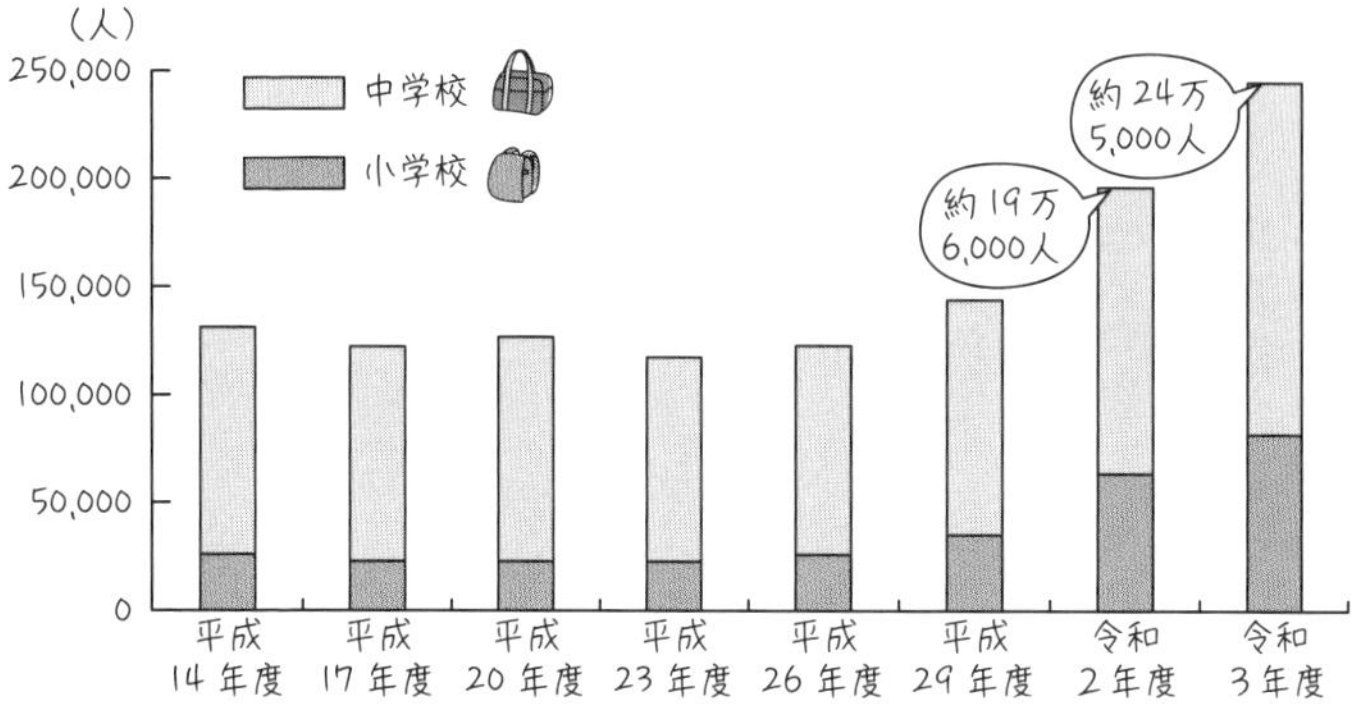

文部科学省「令和3年度 児童生徒の問題行動・不登校等生徒指導上の諸課題に関する調査結果」

＊調査対象：国公私立小・中学校（小学校には義務教育学校前期課程、中学校には義務教育学校後期課程および中等教育学校前期課程を含む）。

＊長期欠席者のうち不登校を理由とする者について調査。
不登校とは、何らかの心理的、情緒的、身体的、あるいは社会的要因・背景により、児童生徒が登校しないあるいはしたくともできない状況にある者（ただし、病気や経済的理由、新型コロナウイルスの感染回避によるものを除く）をいう。

なお、長期欠席者は、令和元年度調査までは年度間に連続または断続して30日以上欠席した児童生徒、令和2年度調査以降は、「児童・生徒指導要録」の「欠席日数」欄および「出席停止・忌引き等の日数」欄の合計の日数により、年度間に30日以上登校しなかった児童生徒について調査。

暴力行為発生件数の推移

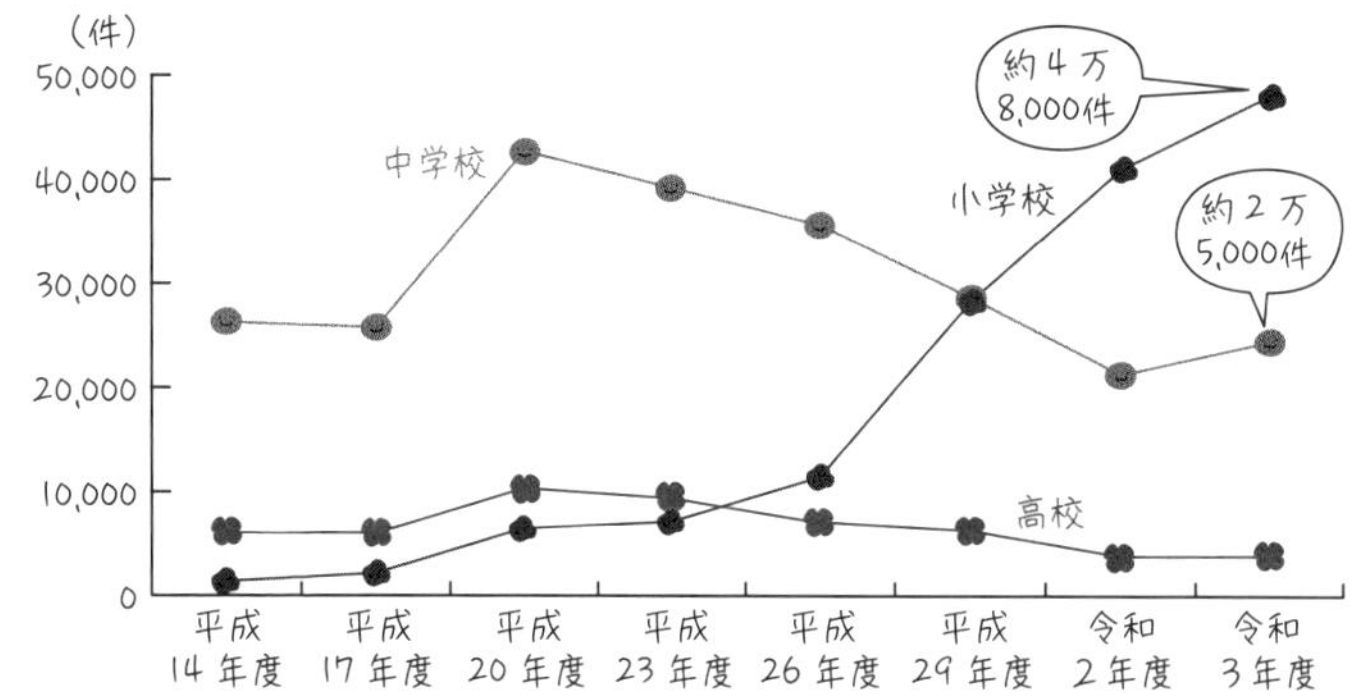

文部科学省「令和3年度 児童生徒の問題行動・不登校等生徒指導上の諸課題に関する調査結果」

＊平成9年度からは公立小・中・高等学校を対象として、学校外の暴力行為についても調査。

＊平成18年度からは国私立学校も調査。

＊平成25年度からは高等学校に通信制課程を含める。

＊小学校には義務教育学校前期課程、中学校には義務教育学校後期課程及び中等教育学校前期課程、高等学校には中等教育学校後期課程を含める。

たが、今は小学校の低学年からの不登校が増えています。

不登校の主な要因は大きく「学校」「家庭」「本人」に分けられますが、**学校に関係するものに「学業の不振」**があります。

以前は学力の差がつき、学校の授業についていくのが難しい子が目立ち始めるのが中学校、早くても小学校高学年からでした。現在は、**低学年からすでに勉強に遅れが出る子どもがいて、学年が上がるごとにさらに増えていきます。**

不登校の低年齢化と同じように進んでいるのは偶然でしょうか。私には授業についていけない子どもの増加が不登校の低年齢化の一因になっているとしか思えません。

問題行動を起こす小学生が増えている

不登校の低年齢化に加えて、問題行動の低年齢化も進んでいます。

「荒れる子ども」という言葉を聞くと、かつては中学生、もしくは高校生をイメージする人が多かったのではないでしょうか。

実は、問題行動を起こす小学生と中学生の数は２０１７（平成29）年度にほぼ並び、

2018（平成30）年度以降は「小学生の問題行動のほうが多い」状況です。その数は依然として増え続けています。逆に高校生はひと頃に比べて減少傾向にあります。

たとえば小学生の暴力行為の発生件数は「生徒間暴力」「対教師暴力」「器物損壊」「対人暴力」の順になっています。

文部科学省は直近に関して「新型コロナウイルス感染症の影響からストレスを抱える児童生徒が増えた」ことを一因としています。

要因は複雑にからんでいるでしょうが、多くの子どもがストレスや不安を抱えているのは間違いないでしょう。**問題行動までは至らずとも、悩みを抱える子どもも増えていると考えられます。**

真正面から子どもに向き合って、ストレスや不安を解消させてあげないといけません。友人関係、コロナ禍での制限された生活、そして学習もその一つです。

Summary

あらゆる面から子どもの心身を守り、成長をサポートするのも親の役目です。

\ Part /

04

〝おうち〟を学習のベースにして2〜3か月で1年分の単元を終わらせる

家での予習を「学習の中心」にする

私は、小学生の家庭学習は学校で授業を受けた後、「百ます計算」と「漢字の徹底反復」以外は復習をしっかりしておけばよいと、以前は考えていました。

しかし、学校に学力向上を期待できなくなった現在、学習のベースを〝おうち〟にすると同時に、変えなければならないことが出てきました。

それは、予習を重視することです。

要するに、**これまでの復習主義から予習主義に転換せざるを得なくなった**わけです。

もっと言えば、「予習」はまだ学校の授業をベースにした言葉です。つまり、授業の

学習の中心をおうちに

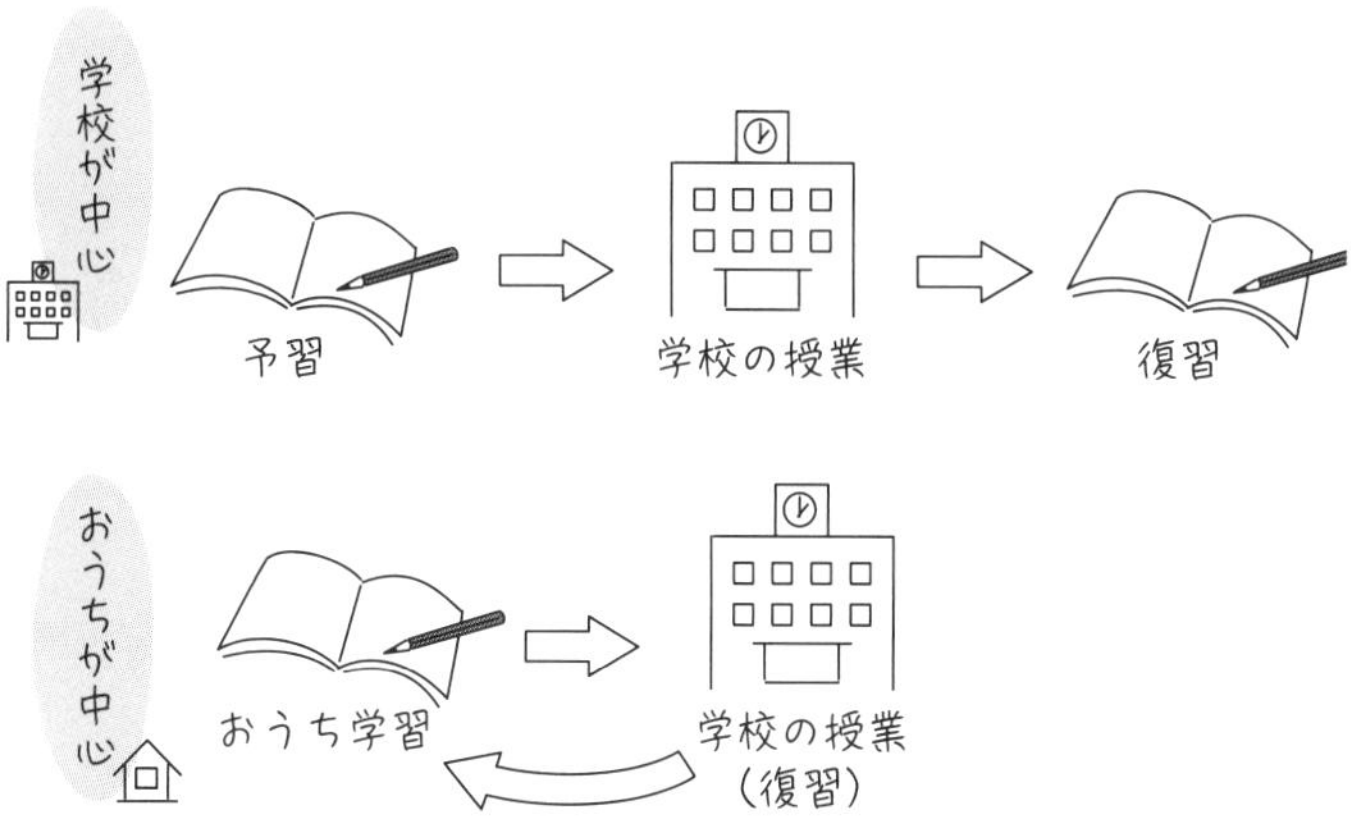

前に勉強しておく、というイメージがあります。

しかし現在のベースは学校ではなく〝おうち〟にあるとすれば、**おうちで行う予習が「学習の中心」です。**そして、学校の授業がおうち学習の復習、または応用学習という位置付けになります。

このような学習を、私は「追い越し学習」と名付けました。

春休みからゴールデンウィークを目標に

具体的には**1年分の学習内容を遅くとも夏休みまで、できればゴールデンウィークまでに終える**ことです。初めて耳にする人は驚くでしょうが、十分可能です。

ポイントは春休みから新学年の勉強を始めるこ

ます。

と。そうするとゴールデンウィーク前後には1年分の学習をざっと終えることができ

私はかつて、春休みは学年の変わり目なのでゆっくりしていいと思っていました。学校の宿題もなかったので、独自の復習でよかったのです。

ところが学習量が増えた現在は、これでは間に合いません。まずは**春休みからゴールデンウィークを目標にして、1年分の算数と漢字を済ませてしまいます。**「無茶を言っている」と感じるかもしれません。

でも、実は十分に可能なことです。

というのも、教科書のボリュームが増えても、絶対に身につけなければならないことと、また中学校や高校につなげるために習熟していなければならない単元は、そう多くないからです。

大切な部分をピックアップして学習すれば、1年分の基礎を2〜3か月で学ぶことができます。「基礎」を習得したら、「盤石な基礎」へと固め、さらに「超強力な基礎」

へと仕上げていきます。

多くの人は基礎の次は応用と考えますが、それでは学力は伸びません。基礎といっても一応やった程度のものでは使いものになりません。

たとえば百ます計算でやっていることは1年生の内容ですが、最低でも2分以内でできなければ高学年の算数でつまずきます。さらに、100秒以内になるように繰り返し学習し、「超強力な基礎」にすることが大切なのです。

Summary

おうちでする追い越し学習を学習の中心にして、学校の授業は確認・高める場面にしましょう。

\ Part /

05

基礎の次も基礎、その次も基礎を大切にする

学習に対するよくある勘違い

子どもたちは、できなかった問題が解けるようになることで自信を持ち、勉強に前向きになります。

その状態に持って行くのが、読み書き計算の徹底反復学習です。

簡単な計算、簡単な漢字の読み書きであれば、学習に慣れていない子どもでも抵抗感が少なく始められます。簡単な読み書き計算から一つひとつ成果を積み重ねることで、力になっていきます。

しかし誤解が多いのはその先です。**「基礎力をつけた後は、応用力をつける」という誤解です。**

たとえば、よくある誤解に「算数の応用力をつけさせるために、文章題を多く解かせる」というものがあります。しかし文章題＝応用問題ではありません。文章題の中には、基礎的な問題もあれば、応用的な問題もあるわけです。

そもそも**応用力とは「いくつかの基礎的な知識を組み合わせる学習によってつけられる力」のこと**です。

基礎をしっかりさせれば、それを組み合わせるだけで応用問題も解けるようになる。つまり、**応用力をつけるためには基礎をしっかりと確立することです。**

「基礎」→「盤石な基礎」→「超強力な基礎」と仕上げていく、つまり、基礎を固めることが、応用力につながっていくのです。

子どもたちは一定のレベルに達したとき、より難しい課題にも挑戦したくなります。基礎が強固になり、穴もなくなった段階で、初めて応用力を試される難しい問題に進むようにしましょう。

Summary

基礎を固めることが、応用力を身につける近道です。

\ Part /
06

子どもにとっての一番の指導者であり、とびきりの親バカになる

自立した勉強を促し、導く

おうちで学習を進めるためには、親の深い関わりが必要になります。**幼児から小学2年生ぐらいまでは、勉強をサポートする**必要があるでしょう。

たとえば繰り上がり、繰り下がりといった複雑な単元を初めて学習する際には、教材の解説を子どもが音読するのを聞いてあげたり、読めない部分は読んであげたりして、問題が解けるように促すわけです。

そして、**「読んで理解する」ように導いて**あげてください。わからないことは何度も繰り返し読んで、理解をしていくのです。

小学生に限らず、中学生・高校生、大学生や社会人になっても、先人の教えを読ん

で理解するというステップは欠かせません。「読んで理解する」という学習スタイルを身につけられるように、様子を見ながら少しずつ手を離していきます。

小学3年生の半ばまでに、学習する方法が身につけられるといいでしょう。単元で言えば、算数では割り算、国語では抽象的な言葉や漢字が出てくるあたりです。

3年生の半ば以降は、子どもが勉強している近くで親が家事をしたり、本を読んだりしながら見守る程度になればいいですね。 子どもにわからない部分を聞かれたら説明する程度です。

さらに大切なサポートとは

子どもに勉強を教える自信がない親もいるかもしれません。あらかじめ親自身が勉強してから子どもに教えることができればよいでしょうが、それより子どもが自分でできる教材を与えることです。

さらに大切なのは、子どものメンタル面のサポートです。**勉強に取り組むわが子の姿勢を褒める、子どもの成長を喜ぶことです。**

百ます計算や漢字の徹底反復でうまくいかなくなる最大の理由は、親の焦りです。

焦らず、子どもが勉強していることを単純に喜びましょう。「自分は勉強が苦手だったけれど、うちの子はこんなに勉強ができちゃうよ」と親バカになって喜ぶ家庭の子は勉強が好きになり、伸びていきます。必ず子どもは伸びるからです。

焦って怒鳴ったり、点数がどうだこうだと思い詰めてしまうと、迷い道に入ってしまいます。親が道に迷えば、子どもも自信をもって取り組むことができません。学力の向上はもちろん、学習習慣を身につけることも難しくなります。

勉強は楽しむことを軸にしましょう。百ます計算も、たまには親子でタイムを競うなどすると楽しいイベントになります。

小学校卒業時の目標は？

1年分の学習を2〜3か月で終わらせることができるのは、「中学・高校につながる単元」に絞っているからでもあります。

たとえば、足し算・引き算・かけ算・割り算ができなければ、中学校の数学はできないでしょう。このように絶対に押さえておかなければならない単元はありますが、実際に**小学校の勉強で中学校につながっていくのは全部の単元のうち6割から7割程度です。**

小学校卒業時、算数は私の『ニガテ克服シリーズ』がさっとできれば、十分な学力をつけたと判断してよいでしょう。小学校の算数でこのシリーズで扱っていない単元もありますが、それは後々の影響が少ないからです。

国語で絶対に必要なのは、いくつかの文法事項と漢字です。後はたくさんの本を読むこと、いろいろな文章を書くことです。

理科は、小学校の学習の影響がそれほど大きいものはありません。中学でまたイチから学習するからです。**社会は6年生の教科書をだいたい理解**していれば大丈夫です。むしろ、**小学校の理科・社会の目的は子どもの知的好奇心を養うことが一番で、**覚えることは多くないのです。理科・社会は、中学校でまた新たに学び直すくらいで大丈夫です。

Summary

子どもの伸びを喜び、褒めると、子どもは勉強に前向きに取り組むようになります。

\ Part /
07

子どもが成長すれば「理解」は自然とついてくる

「理解が大切」の落とし穴

本書を読んでいる保護者のみなさんが子どもの頃には教わらなかったことに、算数のさくらんぼ計算があります。

これは、10をひとかたまりにして繰り上がり、繰り下がりを考える方法です。10にするために数字をさくらんぼのように2つに分けることから、さくらんぼ計算と呼ばれています。教科書にも、この方法が出てきます。

さくらんぼ計算は1年生には難しく、「みんなつまずくもの」と考えておいてかまいません。この考え方は小学1年生の秋に出てくるもので、算数に苦手意識を持つ子

さくらんぼ計算

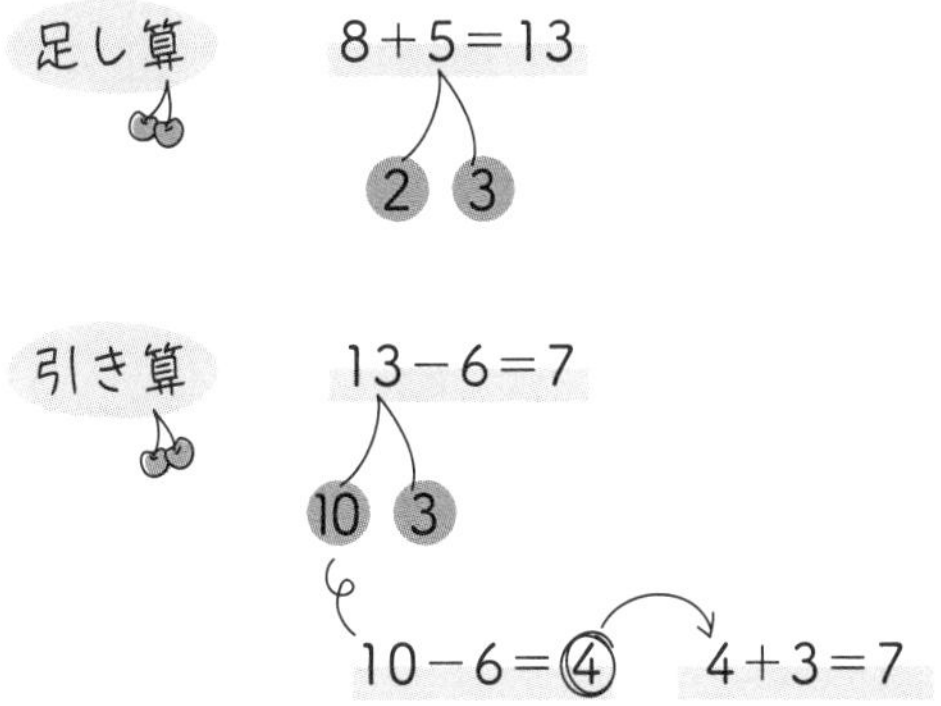

が出始める最初のきっかけでもあります。**百ます計算で足し算・引き算が2分以内にできるような子の中にも、さくらんぼ計算はうまくできない子がいます。**

さくらんぼ計算は、繰り上がり・繰り下がりが「なぜそうなるか」を理解して計算させようというものです。

勉強は理屈やしくみを理解すること、思考力を高めることでもありますから、大人は「なぜそうなるか」が大切と感じるかもしれません。しかし実は、**「理解が大切」には落とし穴があります。**

10をひとかたまりにする繰り上がり・繰り下がりのしくみは、大人にとっては簡単なこと。しかし小学1年生にはすごく困難なことなのです。それを無理に理解させようとしてもできないので、大変なストレスになることもあります。

その代わり低学年の子どもたちは、すさまじい暗記力をもっています。電車の種類を次々に口にしたり、数え切れないほどアニメのキャラクターを覚えていたりするのが幼児から低学年の子どもたちの特徴でしょう。

キャラクターを覚えるのと同じように、**計算も問題と答えを丸暗記させるのが手っ取り早いのです。**

百ます計算は2分以内にできるのに、さくらんぼ計算はできない子たちは、丸暗記を武器にしています。丸暗記で十分で、まずは答えがわかることが大切なのです。理解する力は中学年から自然に伸びていきます。

高めようとするほど思考力は落ちていく

小学校の勉強の中には、さくらんぼ計算など、きちんとマスターさせようとすると無理な内容もあります。百ます計算のタイムを上げるほうがはるかに有効です。

子どもがさくらんぼ計算につまずいていても、その後の学習にはほとんど影響しないので、「あまり気にしなくていいよ」と言ってあげましょう。

皮肉なことに、**考える力重視の教育をするほど、ＰＩＳＡの順位は下がっています。**思考力を身につけるポイントは、基礎基本を大切にすることなのです。ちなみに、２０１２年にＰＩＳＡの結果が上がっているのは、私が基礎基本の大切さを訴えた時期と一致しています。

Summary

特に低学年のうちは、無理に理解させずに覚えさせましょう。

Column

復習主義から予習主義に変わった理由ときっかけ

私の予想を超える子どもたち

以前から私の本を読んでくださっていた方は、私が復習主義から予習主義に変わったことに驚いているかもしれません。私自身が驚き、仕方がないという気持ちを持ちつつ、同時にそれが現在の最適解だという思いを持っています。

なぜ、**私が予習主義に転換したのか、そのきっかけを紹介すると、理解してもらえるでしょう。**

予習主義に変わったきっかけは二つあります。

2017年～2019年頃から、突然「学校の指導に不安を感じる」という声が多く寄せられるようになりました。計算や漢字をしっかり教えてもらえない、宿題の量も少ない、という声です。

ちょうどその頃、私は『おうちゼミ』という教材を出版していました。ドリルのような問題も多く掲載していますが、授業の動画も含まれているので一人で勉強しやすい教材です。

そこで、不安を抱える保護者のみなさんに、お子さん一人でも進めやすいからと『おうちゼミ』を紹介しつつ、アドバイスをしていました。

すると、意外な反応があったのです。『おうちゼミ』は、1年分・全教科を1冊にしたもので、ボリュームのある教材です。パッと見ると、ぎょっとするくらい分厚くなっています。

それなのに、**2～3か月もすると、「『おうちゼミ』はもう終わった。次は何をすればよいか」という相談**が来ました。

確かに、内容は基礎に絞っているので、学習にかかる時間はそう膨大ではありません。授業動画もあるので、まだ学校で習っていない範囲の問題も解くことができます。

同時に、百ます計算、漢字の徹底反復もしているので、**1年間の基礎力が2～3か月で身について、実質的に「追い越し学習」をすることになってしまったのです。**

私も驚いて、復習用に作っていた『たったこれだけプリント』『○年生の算数』などの教材を紹介すると、また1～3か月で終えてしまいます。

しっかり基礎力を身につけた子どもたちは、教科書に掲載されている思考力問題、発展応用問題もすらすらとこなすようになりました。私の予想より子どもたちの学習スピードがはるかに速く、定着もよかったのです。

子どもたちの能力は大人の常識を超えていきます。

コロナ禍での全国一斉休校

子どもの能力の高さを改めて実感していた頃に起きたのが、コロナ禍による全国一斉休校です。

「休校中、子どもの学習をどうすればいいのか」という保護者の不安に応えるため、私は『おうちゼミ』『たったこれだけプリント』をすすめました。同時に、ＹｏｕＴ ubeでの指導動画配信も始めました。

コロナ禍による社会的な影響は当初に予定されたよりも長い期間でしたし、なにせ学校が休みです。**休校中、1年分の学習を余裕で終える子どもたちが多くいました。**

当時、私のもとに寄せられた相談は、保護者からだけではありません。

その中に、福岡県田川市からの「休校の期間中、学力向上のために何ができるか」というものもありました。

私は思いきって、『たったこれだけプリント』を提供し、1年分を休校中に終えさえることを提案しました。

それ以前から、田川市は漢字については1年分を5月中に終えるという、私が提唱する方法を取り入れていました。

田川市は柔軟な自治体のようです。国からのコロナ対策交付金を使って、『〇年生の漢字』と『たったこれだけプリント』の2冊を全小学生に配布しました。

こうして大胆すぎる提案を実行した田川市では、小学校が再開した時点で、子どもたちはひととおりの勉強を終えた状態になっていました。こうなると、授業も高速で進めることができます。多くの学校で「休校で授業時間が足りない」と頭を抱える一方で、田川市は12月までに全教科、全教科書の多くを終えてしまいました。

そのうえで、冬休みから2月にかけて、さらに習熟が甘かった部分を押さえていくという、深掘りした復習ができました。

つまり、「休校中／子どもたちの単独による予習」「学校再開から12月まで／先生方の3倍速授業」「冬休みから2月まで／全体の総復習」という、1学年の内容を3回学習する方法がとれたわけです。

この方法で、田川市は算数の全国平均点を大きく超えることができました。それも、全学年で、です。

第1章

おうち学習
成功のための環境づくり
4つの鉄則

\ Part /
01

おうち学習で学力は十分伸びる！

環境を整えて脳を鍛える

多くの人は子どものかしこさを表す知能指数が生まれつき変わらないものと思っているようです。

しかし現在は、成長と共に上がったり、下がったりするものであることがわかっています。**特に成長期には脳の構造が変化していくので、知能指数も大きく伸ばせるのです。**つまり、「生まれつき頭が悪い」などと決めつけてはいけないということです。

さらに、読み書き計算の実践で脳を鍛えると、知能指数も上昇することがわかりました。加えて、脳が成長しやすい環境を整えることで、飛躍的に伸びていきます。

私が指導に関わった山口県の山陽小野田市は、市が学力向上に力を入れています。読み書き計算の反復練習を行い、脳に良い生活改善も行いました。するとく、9か月で知能指数の平均値が9ポイント上昇したという結果が出ています。算数の偏差値は平均で4・5ポイント伸びていました。

おうちが塾を超えられると言える理由は3つあります。

まず1つ目が、**塾と違って、おうちでは「生活環境から脳に働きかける」ことができる**からです。

2つ目は、**「わが子に合う学習計画を立てる」ことができる**からです。

3つ目は、**必要な教材は通販ですぐ買え、その使い方はSNSで知ることができる**ということです。

本章では、主に子どもを取り巻く環境を整える方法についてご紹介しましょう。

Summary

環境次第で子どもの脳は鍛えられます。

\ Part /

02

環境づくりの鉄則 その①
おうち学習計画を立てる

子どもに合わせた計画を練る

学校のカリキュラムは、文部科学省が定めた「学習指導要領」という基準に基づいて、地域や学校の実態に合わせて作られます。

学習指導要領は、全国どの地域で教育を受けても、一定の水準の教育を受けられるようにするための基準です。

この手法を、おうち学習にも生かして、「おうち学習指導要領」と呼べるものを作りましょう。もっとわかりやすくいえば、**おうちの学習計画です。**

その作り方の詳細は2章で紹介しますが、できれば1年ぐらいを見通して計画を立てるようにします。年間計画です。

年間計画を作る際に最も大切なのは、わが子に合わせたものにすること。おうち学習は、親と子のマンツーマンです。そこにいるのは兄弟も合わせて家族だけ。だから、今どういう状況なのか、どこかつまずいているところはあるか、どれぐらい進んで（遅れて）いるか、得意なもの、不得意なものなど、自分の子どもに合わせた学習計画が立てられるわけです。そこに、おうちが塾を超える可能性があります。

親は自分の子のことになると冷静さを失うことがありますが、焦りは禁物です。**バランス良く、ゆとりをもちながら将来をイメージしつつ、子どもの「今」に合わせた計画にする**ようにします。

Summary

子どもの現状に合わせて年間計画を作ると、学力向上戦略となります。

\ Part /

03

環境づくりの鉄則 その②
早寝・早起き・朝ご飯を習慣にする

9時に寝て6時に起きる

親は、子どもの健やかな体と心を守ることを最優先しなければなりません。何より大切なのは、子どもが元気でいられることです。

寝不足や不規則な生活のデメリットは、多くの人が経験したことがあるでしょう。頭がぼんやりして、体は重くなります。海外旅行から帰ってきた後の時差ボケ状態では、元気に遊んだり勉強したりできないことはわかるでしょう。

また、睡眠が不足すると情緒が不安定になるため、学校でのトラブルも増えがちです。さらに、**睡眠と学力には密接な関係がある**ことがわかっています。

広島県の学力調査によると、一番成績がよかったのは8時間睡眠の子です。睡眠時間が5時間を下回る子どもの学力は低く、6、7、8時間と睡眠時間が増えるごとに、テストの点数も上がっていきます。

脳には十分な休養が必要なことがわかる調査結果です。

子どもには、規則正しい習慣を身につけさせる必要があります。まずは睡眠です。人間は朝起きて活動し、夜になったら眠るのが当たり前ですが、子どもの好きにさせておいて、この習慣が自然と身につくわけではありません。**親がしつけて体に覚えさせる必要があります。**

また、寝る時間帯も大切です。山陽小野田市の調査によると、偏差値がもっとも高かったのは、夜9時までに寝る子たちでした。遅くなるにつれて成績が落ちていきます。

この2つの結果から見ると、**9時に寝て8時間以上眠り、6時に起きるのが最も元気に学習できる**と言えるでしょう。朝は、必ず朝日を浴びて体内時計をリセットさせせるのも大切です。

都市部では、遅い時間まで塾で勉強する子もいますが、長い目で見るとマイナスのほうが大きいと思います。寝不足で情緒が不安定になりますし、休息が十分でない脳で無理して学力が上がるでしょうか。

また、**大人の夜遅い生活スタイルに子どもを付き合わせることは、決してすべきではありません。**子どもが寝る時間には大人も静かに過ごすようにして、眠りやすい環境を作ってあげましょう。

朝ご飯は必ず食べる

成長期の子どもにはバランスの良い栄養が不可欠ですが、特に朝ご飯は大切です。目覚めたばかりの脳はガス欠状態です。食事をしないと、脳がしっかり働かないわけです。

長年、食と学力の関係を研究されていた廣瀬正義先生は、中でも「おかずが大切」と言われています。

脳はブドウ糖と酸素が供給されていればいいと言いますが、そうではないとのことです。**脳細胞が活発に働くためにはさまざまな栄養が必要だから、朝からいろんなおかずを食べたほうがいい**と言われます。実際、廣瀬先生の調査では、おかずの種類が多い子ほど、よい成績でした。

朝は時間がありませんが、栄養バランスをとるのはそう難しくありません。**「ごはんと味噌汁」で、かなりの栄養とエネルギーはとれますし、「それ以外にもう1品」とれば、さらに栄養バランスのよい朝食になります。**

Summary

早寝・早起き・朝ご飯は健やかな体と心、そして学力をつくります。

\ Part /
04

環境づくりの鉄則 その③
時間意識を身につけて集中する練習をする

ていねいな勉強よりスピーディな勉強

子どもがダラダラ勉強をしていると、ついつい「集中して勉強しなさい」と言ってしまいたくなります。

確かに、集中していないと勉強したことが身につきません。しかし、実は本質があべこべになっています。

そもそも勉強とは、何かを達成するために、言葉や数字を使って集中することを学ぶものです。**「勉強は集中する練習」。ダラダラしているのなら、たとえ長時間机に向かっていても、それは勉強とは言えません。**

たとえば、問題がわからないとフリーズしてしまう子どもがいますが、この時間に意味はありません。ある程度、悩んでわからないようであれば、親が解き方を教えたり、自ら答えを見たりして理解しようとするほうが効率的です。

このような学習の効率化があまり意識されないのは、「勉強に必要なのは努力と根性と時間だ」という認識が日本にあることが原因ではないかと思っています。

ですが、**同じ勉強量でも長い時間をかけて行うのではなく、集中して短い時間で済ませることが大切**なのです。30分で終わるものを、1時間かけてやるのは時間の無駄どころか、集中しない練習になっているのです。

集中力を磨くのに大切なのは、時間の意識です。

「あと何時間」「あと何分」と時計を見ながら学習することで、30分で終わらせるべきものを30分で終わらせるように集中力が上がっていきます。

そのためには、**机には時計を置くこと。**できればストップウォッチとカウントダウンができるものがおすすめです。私はセイコーとコラボして、学習用時計「スタディタイム」をリリースしています。ぜひ活用してみてください。

また、安いものでかまいませんので、幼児の頃から**腕時計を用意してあげる**のもおすすめです。

自分用の時計を持つと、あと何時間、あと何分と意識するので時間も読めるようになります。

制限時間つき学習で効率を上げる

学習は、**まず所要時間を予測してからとりかかるようにするのが大切です。**予測タイムは目標タイムになるので、達成しようとすると集中力を発揮します。

さらに時間をだんだん短くすることも大切です。「30分で行う」と決めて達成したら、次は同じ量の学習を20分でやるという目標を立て、挑戦します。

ただし、あまりに極端な目標時間は意味がありません。たとえば10分かかるものを2分でやるのでは、文字が汚くなり、また雑な作業にもなりますので、適切な目標を立てるようにしましょう。

百ます計算の場合、2分を切るのはよいのですが、1分を切るくらいになると文字が読めないくらい雑になりがちです。

時間を決めるのはなにも学習だけではありません。「本を読み終えるのに3時間」「掃除を30分」など、リミットを設けることで集中力を磨くことができます。同時に「7時から朝ご飯で15分」「5時から掃除を30分」など、開始時刻を設定して行動すると、時間をコントロールする感覚も身につきます。

なお、**時間を守り、集中するためには家族の協力が欠かせません。**朝ご飯の時刻には皆で席に着く、学習時間には静かにするなどです。

何かをする時刻を設定したら、自由時間も設定しましょう。何時から、どれくらい休養の時間をとるのか。家族でテレビを見たり、ゲームに興じたりするのも楽しい時間です。

リビングの皆が見える場所に時計を置き、それで時間管理をすれば、家族のリズムも整いやすいでしょう。

15分を基準として考える

子どもの学習時間はまず15分を目安に始めるとよいでしょう。集中力をつけていく時間枠としては適度な長さの時間です。**15分は決して短い時間ではありません。**たとえば

- 音読3分
- 百ます計算2分
- 漢字10分

これが15分です。

ただ、これはあくまでたとえばの話で、実際は計画通り、時間通りには進まないものです。

音読と百ます計算だけで20分かかってしまうこともあるでしょうし、漢字だけで15分が終わってしまうこともあるかもしれません。

それでいいのです。大事なのは、全力で15分集中することです。一時期にひとつのことに集中することが、もっとも学習効果が高いのです。

また、集中して学習するには、スピードとテンポが大切です。あらかじめ、音読、百ます計算、漢字ドリルといった教材は机に置いてから始めましょう。

音読から百ます計算へ移るテンポも大切で、さっと流れ作業のように移ることで、集中力を途切れさせないようにします。

15分間の学習時間を、朝にとるか、学校から帰ってきてからとるのかは、それぞれの家庭のスタイルで構いません。毎日同じ時間帯に行うことで習慣づけやすくなりますので、子どもが集中しやすい時間帯かつ親が見守りやすい時間帯で、子どもの学年などを考慮して決めてください。

トータルの学習時間は、子どもの年齢や学習量、宿題の量によっても違ってきます。

朝はおうち学習、夕方は学校の宿題を中心にして、朝15分、夕方15分のトータル30

分という方法もあります。朝は音読、百ます計算2セット10分にして、夕方は漢字の追い越し学習と宿題で20分というケースも考えられるでしょう。

特にまだ勉強に慣れていない間は、一度にまとめて30分するよりも、15分を2セット行うほうが集中しやすいかもしれません。

なお、基礎学習が効率よくできるようになると、次の追い越し学習や応用学習も集中してできるようになります。**基礎の学習時間はスピードアップを心がけ、高学年でも1日1時間以内で収めるようにしましょう。**

中学受験をする場合は、それにプラスして受験用の学習をすることになりますが、それも何時間もかけないように気をつけましょう。集中して学習密度を上げ、なるべく短時間で済ませることが大切です。

そしてその分しっかりと睡眠をとりましょう。密度を上げてぐっと集中すればするほど、脳を使うからです。残った時間はしっかり睡眠をとって、脳を十分休養させなければならないのです。

15分の集中で学習の基礎体力がついてくる

私が学校で指導をする場合も、集中できる勉強時間として15分を確保するようにしています。そして朝、授業が始まる前の15分を、音読、百ます計算、漢字の時間にあて、シンプルな学習トレーニングを集中して行います。

学級任せにするのではなく、全校一斉に行い、校長が見回って確実に実施されているかまで確認して徹底します。

これだけで子どもたちの学力はメキメキついてきます。

おうちでも同じことができますので、**子どもと一緒に取り組んでみましょう。**子どもが慣れるまでは、親がストップウォッチを使って時間を計るようにします。

なお、音読、百ます計算、漢字の学習方法については、第3章で詳細に紹介していますので、そちらを確認してください。

Summary

開始時刻と学習時間を決めて勉強することで時間感覚と集中力を身につけましょう。

\ Part /

05

環境づくりの鉄則 その④ 見守りとルールを確立する

ポジティブに見守る

親はおうち学習の指導者ですから、学習する子どもを、明るく、ポジティブに見守ることが大切です。

ところが親は、とかく子どもを緊張させがちです。

集中と緊張は似ているようで違います。ほどよい緊張感ならよいのですが、過剰な緊張は人を萎縮させます。持っている力を発揮しづらくなり、子どもが伸びづらくなります。

学校のテストやスポーツの試合などで、ついつい「気合いを入れていけよ」「精一

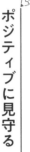

杯やってこい」と励ましに力を入れすぎて、かえって子どもにプレッシャーを与えてしまうことがあります。

子どもは必ず伸びます。

ですから**親がポジティブになって、「君ならできるよ」「きっとうまくいくよ」「あんなに練習したんだから大丈夫」と、気持ちを前向きにさせてあげましょう。**

学習はできることをよりできるよう集中することから始めましょう。それなら負担なく始められます。

そして子どもの心を整えましょう。ポジティブに見守って、子どもをリラックスさせましょう。成功したイメージをもたせて、楽しむことを教えていきます。

オリンピック選手も、「日本代表として日の丸を背負うのだ」と悲壮感に満ちた選手より、試合を楽しんでいる選手のほうが、集中力を発揮してよい結果を出しているのではないでしょうか。

おうちのルールを作る

親は、子どもの人生を導く師です。**生活上のルールを作り、子どもに守らせることで、自分を律することを教えていく**ことが大切です。

たとえば、子どもに責任のあるお手伝いを任せる、お小遣いの額や使い方を決めるなどです。

テレビ、動画、ゲーム、ＳＮＳの時間を決めることも大切です。

最近は、こうしたデジタル系ツールが増え、放っておくと時間がどんどん取られてしまいます。スマートフォンでＳＮＳを使えるようになったため、大人でもすぐにつながりを求めたり、メッセージにすぐ返事をしたりと、24時間デジタル機器を気にしているような人もいます。

テレビ、動画、ゲーム、SNSなどは、すべて合わせて最長で2時間、できれば1時間以内が目安です。そもそも、１日に８時間の睡眠をとって、往復時間も含めて８

時間ほど学校で過ごしたら、残りは8時間しかありません。

食事をしたり、お風呂に入ったりする時間を引くと、6時間ぐらいでしょうか。この中で外遊びをしたり、習い事をしたり、読書をしたり、おうち学習をしたりするわけです。動画やゲームに使う時間はそう多くないのです。

それに、テレビやインターネットの視聴時間が少ないほど、学力が高いという調査結果もあります。


スマートフォンやタブレットでSNSを見たり、動画を長時間視聴したりするのは、目への負担が大きく、睡眠に悪影響を与えると言われています。さらに、学習効果を失わせるほど脳の働きを阻害するという指摘もあります。

時間をどう使っていくかや、勉強以外の生活スタイル、デジタル機器を使う際の約束事など、子どもと話して、納得させるようにしましょう。

Summary

見守りは明るく、決めたルールには厳しく、を徹底しましょう。

Column

きれいな字を書くために「ていねいに」では伝わらない

文字を書くことをストレスにしない

正しく漢字を書けるようになるためには、きれいに書くことが大切です。ただ、日本の文字は、ひらがなは曲線が多く、漢字は学年が上がるにつれ画数が多くなって、子どもにとって書くのは簡単ではありません。

そのため、1年生で初めて漢字を学習する際には、時間を計って漢字を練習するのは難しいでしょう。文字を書くのに慣れてから時間を計るようにします。

幼児から1年生の指導では、鉛筆の正しい持ち方がポイントになります。子どもは筆圧が弱かったり強かったりとアンバランスで、余計な力が入りがちです。そのため指先が疲れたり、痛んだりして、文字を書くのが苦痛になってしまいます。

文字を書くのが苦痛になると、学年が上がるにつれすべての教科に悪影響を及ぼしてしまいます。低学年の頃はまだノートに書く量が比較的少ないので、無理して書き続けることで、悪い鉛筆の持ち方が定着してしまいます。

しかし、文字を書く量が増えるほど、疲れてしまって学習が嫌になってしまうのです。特にノートを書く量が増える4年生以降は、この傾向が強くなります。

鉛筆の正しい持ち方は、太い三角形の鉛筆だと定着しやすくなります。

私がおすすめしているのは、コクヨの「鉛筆シャープ」です。0・9ミリ、1・3ミリと太い芯のものを選ぶと、力を入れずに濃く、太い文字が書けます。

また、普通のシャープペンシルと違って子どもが分解して壊すような構造ではありません。ひらがなの読み書きや漢字の書き方が苦手な子ほど向いています。正しい持ち方ができるツールを使いましょう。

200円程度で購入できますから、入手しやすいのもありがたいところです。

子どもは「きれいな字」がわからない

正しい鉛筆の持ち方を身につけたら、次に大切なのはきれいな文字を書くことです。大人はすぐ「きれいに書こう」「ていねいに」と言いがちですが、ここに落とし穴があります。子どもは「きれいな字」がどんな字かわかりませんし、「ていねいに」だとスピードが落ちるだけになります。

そこで、**お手本を用意する必要があります。**

お手本はきれいな手書きの文字がベストです。お手本を観察し、まねしようとすることが、きれいな字の出発点になります。

長さ、角度、曲がった部分の形、線のつながり具合、漢字の「とめ」「はね」「はらい」などを確認しながら、まずはゆっくり、だんだんとスピードを上げて書けるようにします。

第2章

戦略を持つ保護者は強い

～おうち学習計画の立て方

\ Part /
01

わが子の特性と進捗をしっかりつかみながら、臨機応変な年間計画を立てる

自分の子に合わせる

本章では学習計画の立て方を紹介します。しかしこれらはモデルケースで、必ずしもわが子の特性に合ったものではないことに注意が必要です。

つまり、わが子の得意・不得意、性格などを考慮して学習計画を立てる、また進捗状況やつまずきを把握して計画を修正することが大切です。

学校はどうしても一斉授業が基本で、一人ひとりに合わせるには限界がありますが、**子どもの個性に合わせてカスタマイズできる〝おうち学習〟は強みになります。**

たとえば、百ます計算は基本的に毎日行いますが、園児から1年生ぐらいで勉強を

始めたばかりなら、まずは十ます計算から慣れていくとよいでしょう。2年生以降でも、自宅学習の習慣がこれまでなかった子、勉強を苦手にしている子なら、十ます計算から始めるといいでしょう。

計画実行中の修正も同じです。「割り切れる割り算はできるけれど、あまりのある割り算が苦手」という子は多いのですが、これは実は引き算に課題があります。

割り切れる割り算は、かけ算をしっかりマスターできていれば解くことができます。あまりがある割り算が苦手なのは、割り算の後であまりを出す引き算の部分で引っかかっているわけです。このような場合には、引き算に戻って百ます計算で鍛えると、あまりがある割り算がすんなりできるようになります。

つまり、**おうち学習はわが子のためのオーダーメイド学習計画**なのです。

Summary

「オーダーメイド学習計画」を立てましょう。

\ Part /

02

1年分の勉強内容を2か月で終わらせる基本の年間計画の立て方

忘れることを前提にする

おうち学習計画の基本の基本はスピードです。「ゆっくり、ていねいに」は一見よいことのようですが、実はダラダラを増長させるだけ。さっとできることが目標です。

1年分の勉強内容を2か月〜3か月程度で終わらせるように計画を組むのが、おうち学習計画の基本です。

さらに、**それを3回以上繰り返します。**これは「忘れることを前提」にした勉強法です。当たり前ですが、子どもも大人も時間と共に記憶は薄れていきます。大人でも、今新たに覚えたことを復習しないまま半年後、1年後にテストしたら、点数は下がりますよね。

ベーシックな年間計画(春休みスタート)

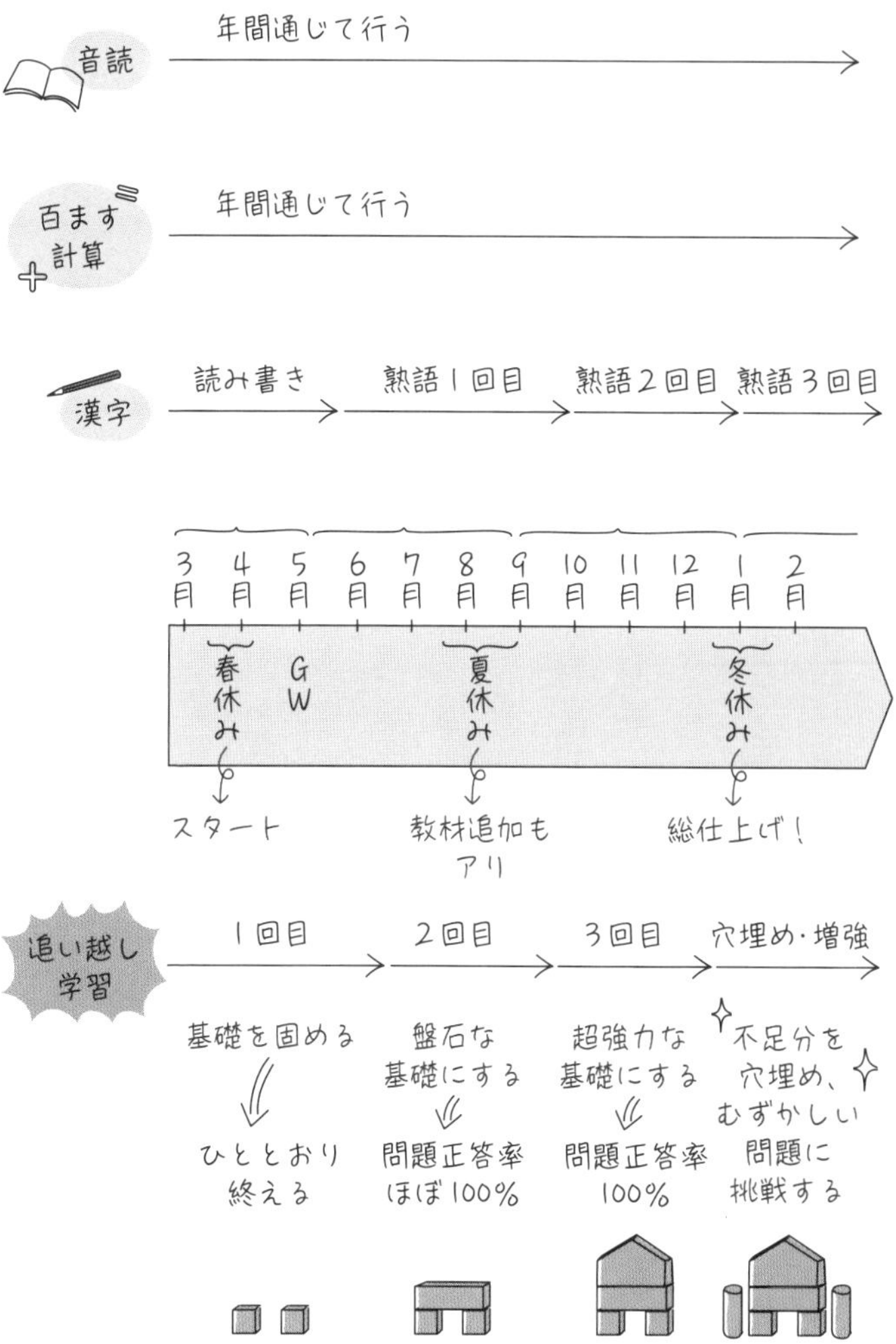
音読
年間通じて行う
百ます計算
年間通じて行う
漢字
読み書き
熟語1回目
熟語2回目
熟語3回目
3月
4月
5月
6月
7月
8月
9月
10月
11月
12月
1月
2月
春休み
GW
夏休み
冬休み
スタート
教材追加もアリ
総仕上げ!
追い越し学習
1回目
2回目
3回目
穴埋め・増強
基礎を固める
ひととおり終える
盤石な基礎にする
問題正答率ほぼ100%
超強力な基礎にする
問題正答率100%
不足分を穴埋め、むずかしい問題に挑戦する

「人間は、忘れるのが当たり前」を前提にして、3回は同じ範囲を繰り返します。

そうすることで、暗記が定着し、理解も深くなっていきます。

また、学んだことは瞬時に頭の中から取り出せるようにしておくのが理想です。たとえば三角形の面積の公式を問われて、すぐに答えられないと、中学校では完全に暗記しているものとして授業が進むため、ついていけなくなります。

2学期終了までに超強力な基礎を身につける

まずは年間計画の基本パターンを紹介しましょう。

1年分の学習を3か月で終え、それを3回繰り返す。スタートは春休みです。すると、**1回目の追い越し学習が5月末〜6月中頃に終わりますので、すぐに2回目、3回目と繰り返すと、だいたい年内には3回目が終わるはずです。**

2か月で1年分が終わるペースだと、ゴールデンウィーク前後に1回目、夏休みまでに2回目、夏から秋にかけて3回目になります。

繰り返しは時間が短縮される可能性が高いので、1回目は3か月、2回目は2か月、3回目は1か月半ぐらいのペースで進むこともあります。この場合、3回目を終えるのが9月末あたりです。
この3回は、同じドリルを使ってかまいません。

1回目：基礎を固める。ひととおりドリルが終わることが目標
2回目：基礎を盤石にする。問題の正答率ほぼ100％が目標
3回目：超強力な基礎にする。問題の正答率100％が目標

3回目には問題を覚えてしまっていて読まずに答えを書く子もいますが、それくらいまで仕上がるのが理想です。
ちなみにドリルをコピーして使う人もいるかもしれませんが、同じドリルを3冊買うことをおすすめします。成長記録として残せることと、コピーより結果的にコストがかからないことが多いためです。

Summary

問題と答えを丸暗記するくらいまで仕上げると、基礎が超強力になります。

\ Part /
03

勉強が進みやすい子の学習計画の立て方

4年生で6年間の勉強を終えるのが理想

学習を継続していると、学習スピードが上がってきて、**1年分の学習量を半年ほどで終えて、超強力な基礎を固める子は珍しくありません。**

そのため、たとえば1年生から「基礎を3回、最後に穴埋め・増強」をしていると、最短で3年生いっぱいで6年生の学習まで終えてしまえます。つまり、学年を超えた〝追い越し学習〟です。

学年を超えた追い越し学習は、その子の習熟度によって進め方が大きく変わってきます。モデルケースを示すのがむずかしいのですが、次のような進み方で自然と学年を超えていきます。新1年生の場合です。

3月～5月初旬……1年生の追い越し学習1回目
5月初旬～7月半ば……1年生の2回目
夏休み……1年生の3回目
9月～11月……穴埋め・増強
12月～1月……2年生の追い越し学習1回目

現実的には、4年生で6年間の勉強を終えるくらいのペースがよいでしょう。中学受験を検討している家庭は、それくらいのペースを目標にすることが多いようです。

学校では5年生の範囲となっているところを、塾では4年生で勉強することがあります。6年生まで終わっていなくても、1年上の学年の追い越し学習が済んでいれば、精神的にもゆとりを持つことができます。

学年を超える目安を知っておこう

もちろん、焦りは禁物です。

そもそも私が世間一般で耳にする〝先取り学習〟という言葉を使わないのは、先取りを焦るばかりに基礎基本ができないまま上の学年の内容を勉強して、ドツボにはまる親子を見ているからです。

〝追い越し学習〟は基礎基本を固めることを主眼としています。2年生の学力が身につけば3年生の内容に、3年生の学力が身につけば4年生の内容にと、結果的に自然と次の段階の学習に進んでいくものです。

一見、似ているようですが、本質はまったく異なります。正反対の考え方です。**子どもの様子を見ながら進めたり、戻ったりを繰り返して基礎力を頑丈にしていくのが原則**であることを忘れないようにしましょう。

およその目安は百ます計算が2分以内であれば4年生の学習に、百割計算が5分以内になれば6年生の学習内容に入ることができる、というものです。

百割計算が2分以内になったら、小学生の学習を超えてかまいません。

ここまで高速化して基礎が超強力に固まると、子どもはもっと高いレベルを求めるようになります。少しむずかしい教材を与えて、学習意欲を伸ばしてあげましょう。

中学受験を考えてもよいですし、中学生で学習する範囲の勉強に入るのも一つの方法です。

この場合は、漢字と数学の基礎を中心にするとよいでしょう。方程式ぐらいなら苦労なく解けるはずです。漢字、特に熟語まで学習すれば、小学生には多少、難易度の高い文章も読めるようになります。読書体験を増やしたり、生活の中で知的好奇心を刺激する体験を与えましょう。

おうち学習の最大のメリットは、子どもにジャストフィットできることです。進めるか、戻るか、次の教材はどうするかなど、学習を進める中での悩みは、SNSで保護者同士で意見を交換することができます。私のTwitterに学習相談を寄せていただいてもかまいません。

自分の子どもにちょうどよい内容を、適切な教材と量で与えていきましょう。

Summary

勉強に前向きになっている子の学習意欲を大切にしましょう。

\ Part /

04

学習の遅れがある場合には思い切って戻る学習計画を

2年かけてトップクラスになろう

「学校の授業についていけない」「基礎力が足りない」という場合の年間計画を考えてみましょう。学習習慣が身についていない子の場合、**毎日、自宅で机に向かうのが当たり前になり、ある程度の基礎力を確立するまでに2年くらいかかるのが目安です。**

確かに、**2年もの期間、保護者が子どもに寄り添って遅れている勉強を一つずつクリアしていくのは楽ではありません。**

それまでなかった学習という習慣を生活に組み入れるのも慣れるまでは苦労するでしょうし、子どもを見守るのも根気が求められる作業です。

勉強が遅れている子の２年間計画の例
（４年生の10月スタート）

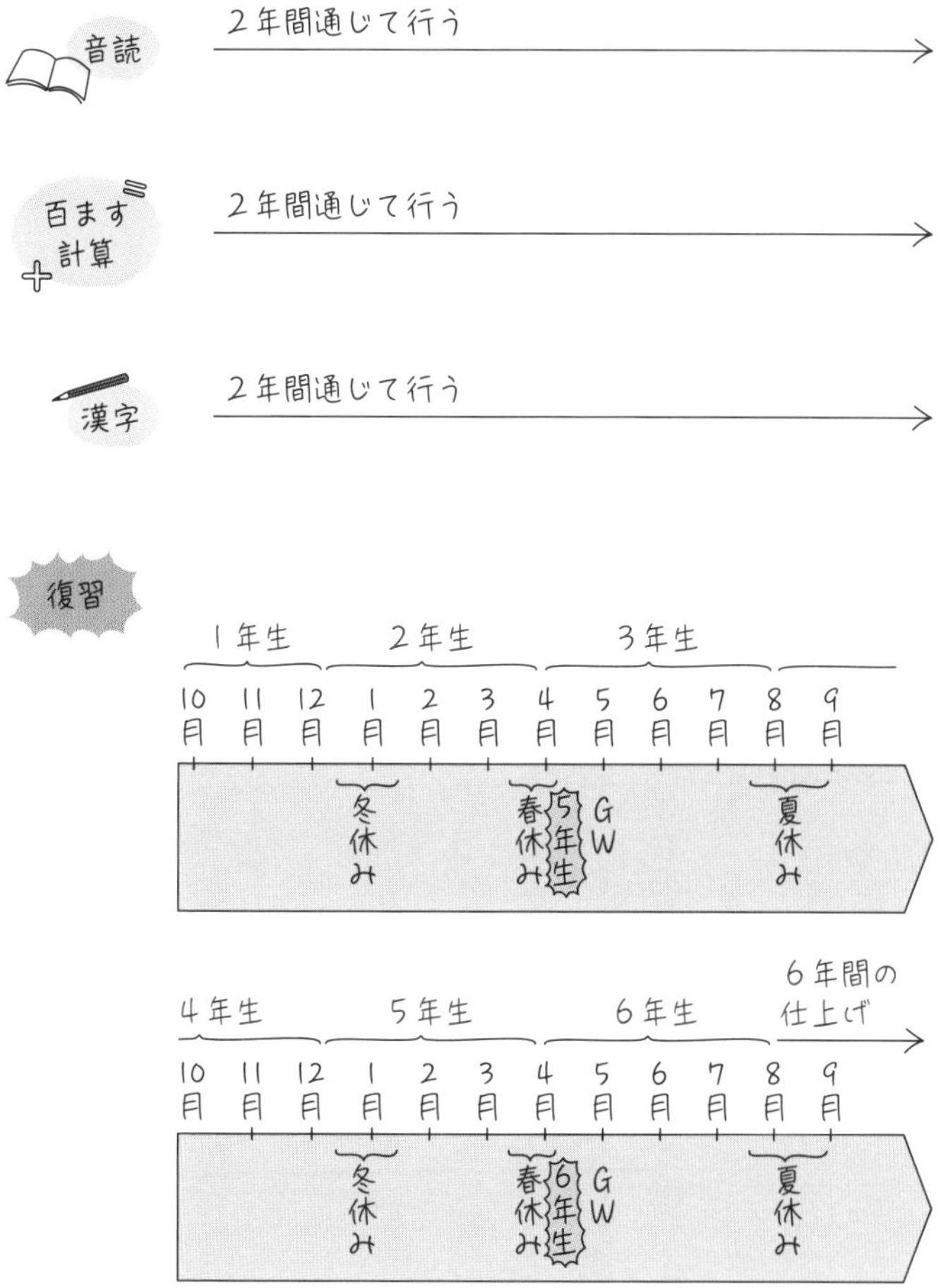

しかし、逆に言えば、「今学校の授業についていけなくても2年後には上位の成績が取れるくらいになれる」わけです。

なお、そこまでではなく、「今ひとつ学力が上がってこない」くらいの子の場合、前の学年に戻って学習すれば早くて3～4か月で基礎力を身につけることができるでしょう。

遅れのある子の具体的な計画と方法

勉強に遅れのある子の場合、本人が「これならできる」「簡単だ」と感じるところまで戻るのがコツです。集中してできることを高速化していきます。

このとき、戻ることをためらってはいけません。むしろ思い切って、徹底的に戻ってください。戻ると余計にいまの学年の勉強に遅れてしまうと怖さを感じるかもしれませんが、**戻ることが逆に近道になります。**小学生の算数の場合、1～3年生の前半までを完璧に固めると、4～6年生はスムーズにいきやすくなるからです。

たとえば5年生で学校の授業についていけない子も、1年生の内容はすらすらと解くことができたりします。時間の経過で脳が成長しているので、簡単に感じるわけです。**思ったより時間もかからず、「1週間で1年分が終わってしまった」ということも珍しくありません。**

さらに、一気に戻ると、つまずいたポイントがわかるので、その穴埋めで基礎力を固めることができるのです。

よく高学年だと追いつくのは無理との話がありますが、実は逆です。高学年になれば脳は成長していますから、やり方が良く、毎日やれば半年、1年で追いついて、高成績になることは十分可能です。その後、6年間の仕上げをまとめてやれば、卒業時には安心して中学生になれるだけの学力が身についています。

メイン教材は『たったこれだけプリント』でよいでしょう。もとは復習用に作られた教材です。学力が伸び悩んだり、子どもの学習への取り組みが消極的になったりした際にも利用することができます。

Summary

思い切って前に戻りましょう。計画の進行中、何度戻ってもかまいません。

\ Part /
05

追い越し学習の教材を知って、おうち学習の中心に据えよう

量が少ないから高速で終わる

追い越し学習におすすめする私の教材は『たったこれだけプリント』です。1年生・2年生は2教科、3年生以降は4教科を1冊にまとめたものです。

4教科を1冊というと、気後れするかもしれません。しかし手に取ってもらえばわかりますが、**1年分の学習内容で大切なところだけをピックアップしているので、ボリュームが少なくて済んでいます。**

総ページ数は1〜2年生64ページ、3〜4年生80ページ、5〜6年生でも96ページです。見開きで2ページが1回分となっていて、右ページは問題ですから、覚えるページは約半分。これだけなら、2〜3か月で終えるのはそうむずかしくないでしょう。

おすすめ教材

追い越し学習に使いやすい
『たったこれだけプリント』
（小学館）

陰山先生、2年生で べんきょうすること、
たった 64ページだけで いいんですか？
陰山メソッド
2年生の国語・算数
たった これだけ プリント
いいんです!
小学館
陰山英男

『1年生の国語・算数 たったこれだけプリント』
『2年生の国語・算数 たったこれだけプリント』
『3年生の国社算理　たったこれだけプリント』
『4年生の国社算理　たったこれだけプリント』
『5年生の国社算理　たったこれだけプリント』
『6年生の国社算理　たったこれだけプリント』

算数の場合

左ページを音読して解き方を覚える → 右ページで問題を解く

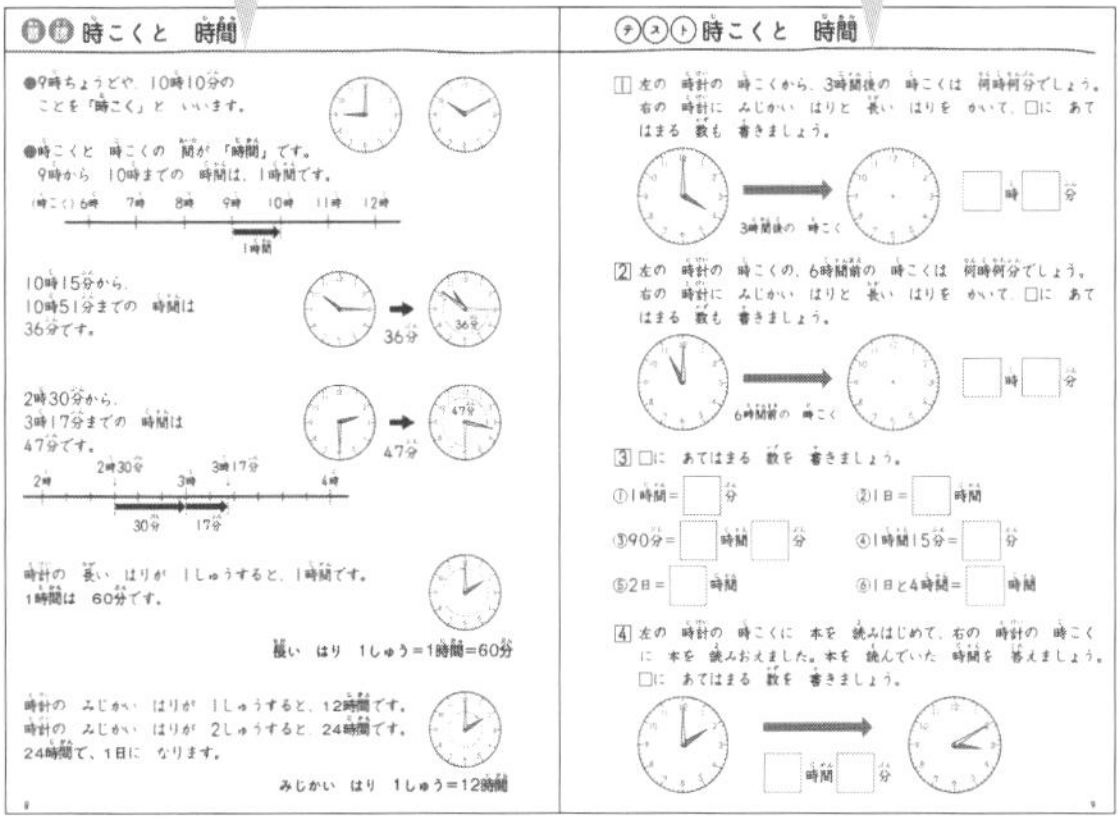
時こくと　時間

●9時ちょうどや、10時10分の
ことを「時こく」と いいます。

●時こくと 時こくの 間が 「時間」です。
9時から 10時までの 時間は、1時間です。
（時こく）6時　7時　8時　9時　10時　11時　12時
1時間

10時15分から、
10時51分までの 時間は
36分です。
36分

2時30分から、
3時17分までの 時間は
47分です。
47分
2時　2時30分　3時　3時17分　4時
30分　17分

時計の 長い はりが 1しゅうすると、1時間です。
1時間は 60分です。
長い はり 1しゅう＝1時間＝60分

時計の みじかい はりが 1しゅうすると、12時間です。
時計の みじかい はりが 2しゅうすると、24時間です。
24時間で、1日に なります。
みじかい はり 1しゅう＝12時間

テスト 時こくと　時間

1 左の 時計の 時こくから、3時間後の 時こくは 何時何分でしょう。
右の 時計に みじかい はりと 長い はりを かいて、□に あてはまる 数も 書きましょう。
3時間後の 時こく
□時□分

2 左の 時計の 時こくの、6時間前の 時こくは 何時何分でしょう。
右の 時計に みじかい はりと 長い はりを かいて、□に あてはまる 数も 書きましょう。
6時間前の 時こく
□時□分

3 □に あてはまる 数を 書きましょう。
①1時間＝□分　②1日＝□時間
③90分＝□時間□分　④1時間15分＝□分
⑤2日＝□時間　⑥1日と4時間＝□時間

4 左の 時計の 時こくに 本を 読みはじめて、右の 時計の 時こくに 本を 読みおえました。本を 読んでいた 時間を 答えましょう。
□に あてはまる 数を 書きましょう。
□時間□分

実は、2～3か月で1年分の学習を終えられるという、手品のような事実の種明かしをすると、「教材のページ数が少ない」ということだったわけです。

取り組みの際には、**最初に、「1年分がたったこれだけだよ」と子どもに言ってください。**さらに、

「1回目はわからないところがあってもいいよ」

「問題と答えを全部覚えてしまえばいいんだよ」

と付け加えましょう。

学習に対する子どもの心理的ハードルをできるだけ下げてあげることが大切です。

「できる」「簡単」「たったこれだけ」という感覚があれば、子どもは苦手意識を忘れて集中しやすくなります。また、できることを徹底的に鍛えてスピードアップさせると、基礎力が固まりやすくなります。

問題の解き方を音読してから問題を解く

『たったこれだけプリント』の場合、多くの教科で左ページに解説があります。この解説を音読して、問題の解き方を学びます。

まずは子どもに音読をさせてください。その後すぐに右ページの問題を解きます。鉛筆が止まったり、悩んでいるようなら、左ページの該当部分を再度、音読させてみます。

低学年の場合、それでも問題が解けないなら、親が音読してあげてもよいでしょう。子どもの様子を見ながら、音読を繰り返させたり、少し説明を加えたりして導きます。

1回目は理解が浅くても問題ありません。**2回、3回と繰り返し、問題と答えを暗記した頃には、不思議と理解が深まっていきます。**

Summary

1年間に学習する内容のポイントを絞って繰り返すことが大切です。

\ Part /
06
夏休み・冬休みの学習と「穴埋め・増強期間」に行うこと

3回終わったら仕上げをする

冬休みは仕上げの時期になります。

仕上げに使ってほしいのが、『テストの点が上がる練習テスト』です。これは、学校で行われる単元テストの模擬テストができる教材です。見た目も学校の単元テストそっくりに作ってありますので、子どもにはなじみがありますし、まさに模擬テストの役割を果たしてくれます。

この教材は、各単元の学習の後、もしくは3回追い越し学習の後でまとめとして取り組みます。中身はリハーサルと本番に分かれており、本番に挑戦する前に一度、学習ができる構成です。

おすすめ教材

仕上げに使いやすい『テストの点が上がる練習テスト』

（Gakken）

「テストの点が上がる練習テスト」シリーズ
『小1　さんすう・こくご』
『小2　算数・国語』
『小3　算数・国語・理科・社会』
『小4　算数・国語・理科・社会』
『小5　算数・国語・理科・社会・英語』
『小6　算数・国語・理科・社会・英語』

算数

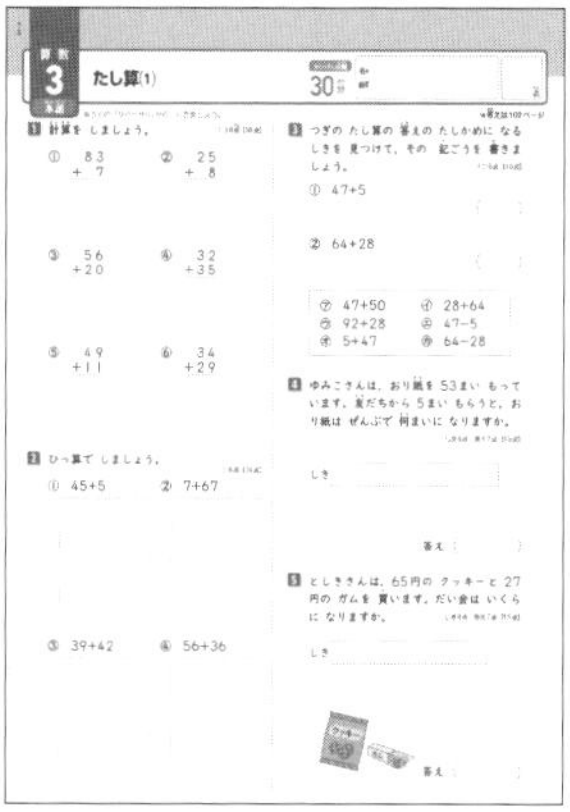

国語

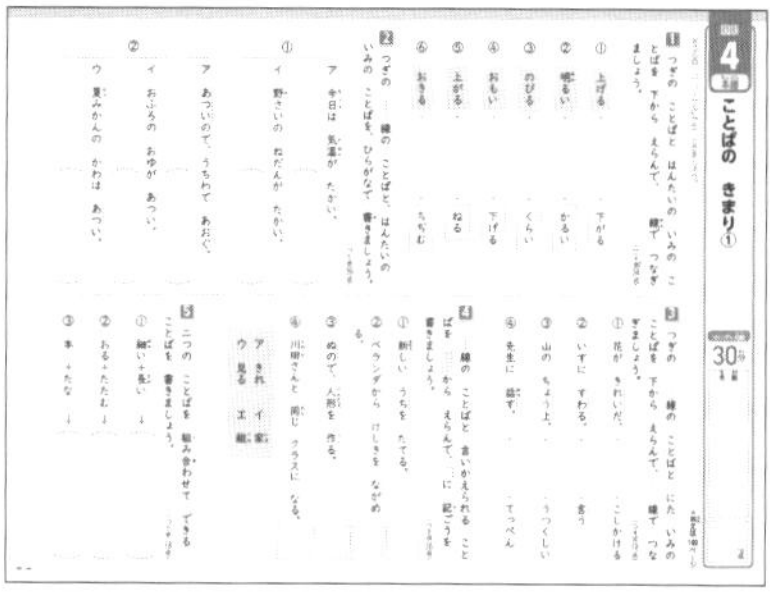

★品切の可能性がありますので、学研出版サイトで最新情報をご確認ください。

『テストの点が上がる練習テスト』の結果や子どもの様子から、最後に理解が足りない部分、演習が不足しているところがあれば、穴埋めしていきます。

また、私が関わったものではありませんが『学研の総復習ドリル』のシリーズもおすすめです。学年ごとの総復習となっているもの、漢字や計算にテーマを絞ったものなどがあります。これらで演習量を確保するとよいでしょう。

さらに演習量を増やしたい場合は、『おうちゼミ』があります。『たったこれだけプリント』の代わりに追い越し学習に使うこともできる教材です。『たったこれだけプリント』よりページ数は多くなっていますが、1回の分量は少ないので3か月程度で終わらせられるでしょう。

他には『徹底反復シリーズ』もあります。**『徹底反復シリーズ』には『〇年生の国語』『〇年生の算数』など学年に絞ったものや、『たんいプリント』などテーマに沿ったもの（ニガテ克服シリーズ）があります**ので、

おすすめ教材

穴埋め・増強期間に使いやすい
『学研の総復習ドリル』
（Gakken）

「総復習ドリル」シリーズ
『小学 1 年のかん字』
『小学 2 年のかん字』
『小学 3 年の漢字』
『小学 1 年のけいさん』
『小学 2 年の計算』
『小学 3 年の計算』　　他

計算

漢字

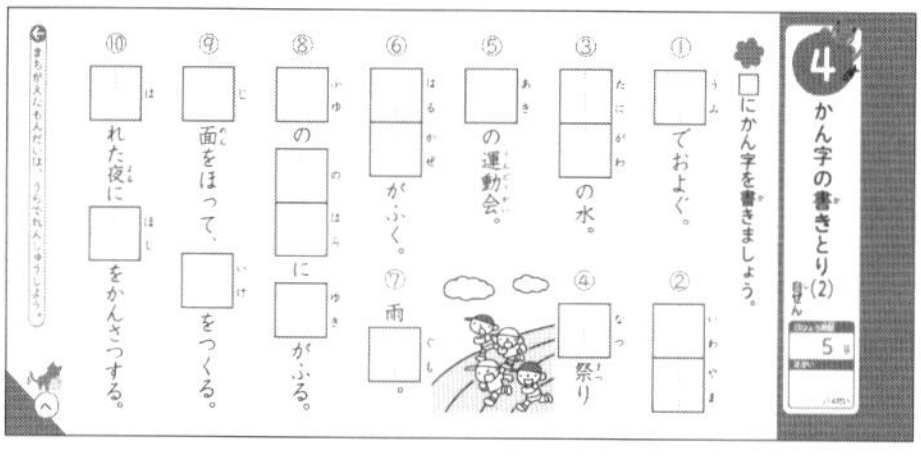

★品切の可能性がありますので、学研出版サイトで最新情報をご確認ください。

必要に応じて使ってください。

3回、同じ学習を繰り返し、**基礎が超強力になっているという実感があれば、難しい教材に挑戦するのも、このタイミングが最適です。**

中学受験をする予定の子など、十分な基礎力を身につけたうえで、子どもに合うレベルの教材を与えるようにしましょう。

私が関わったもの以外で有名なところでは、『ハイレベ100問題集』『最レベ問題集』（いずれも奨学社）、『Z会グレードアップ問題集』（Z会）、『トップクラス問題集』（文理）などがあります。繰り返しますが、無理は禁物です。

難しい問題を楽しめるならよいのですが、そうでなければレベルを調整して教材を与えるようにしましょう。

夏休みはプラスアルファの教材を加えてもOK

基本的には「3回繰り返し＋『テストの点が上がる練習テスト』＋穴埋め・増強」で十分ですが、夏休みには新たに教材を加えてもよいでしょう。学校の宿題の量、勉強の進み具合で決めます。

おすすめ教材

夏休みに加えるなら『早ね早おき朝5分ドリル』シリーズ『学研の夏休みドリル』シリーズ（Gakken）

早ね早おき朝5分ドリル

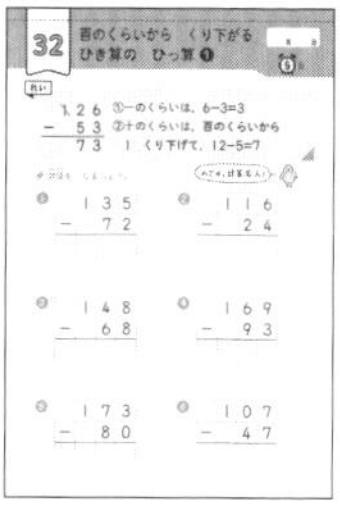

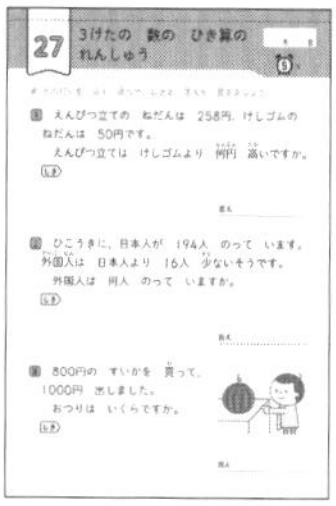

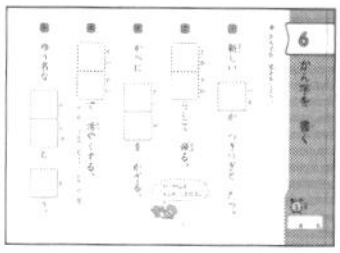

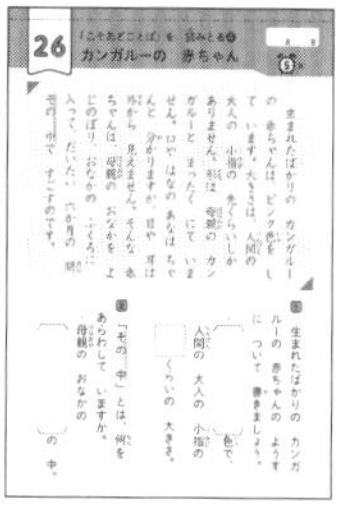

夏休みドリル

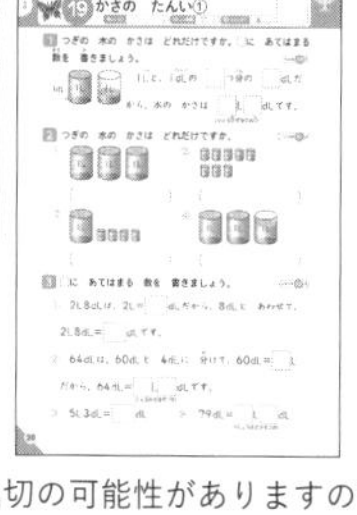

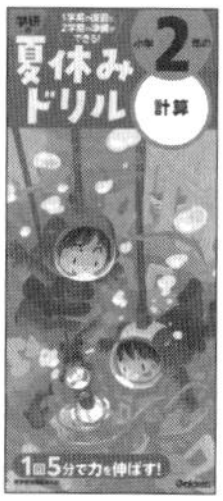

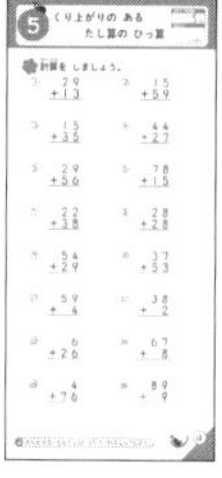

★品切の可能性がありますので、学研出版サイトで最新情報をご確認ください。

基本的に、**教材を増やすのは「1年分の学習が少なくとも1回は終わっている」「教材を増やしても子どもにまだ余裕がある」場合**です。

春休みから始めれば、ゴールデンウィークから6月半ば頃には追い越し学習1回目が終わっているでしょう。学習が進まず、7月半ばまでに1回目が終わっていない場合には、夏休み中に1回目を終えることを優先させます。

1年分の追い越し学習を終えると、子どもは自信を持ち始めます。その状態で、さらに時間と心に余裕がある場合には、教材を増やしていいと判断できます。

ただし、**増やす場合にも、さっとできる量とレベル**であることが大切です。早い子どもでも、2回目の学習が終わったくらいですから、盤石な基礎レベル。まだ超強力までは達していません。

あくまで、基礎を超強力にするための補助教材として考えると、教材の選択肢も自然と決まってきます。

まず**候補に挙がるのは、『早ね早おき朝5分ドリル』シリーズです。**1ページ5分でできるというコンセプトで問題を集めているので、気軽に取り組めるでしょう。計算、文章題、漢字、ことわざ慣用句、文章読解などテーマごとに分かれていますので、必要なものを選ぶようにします。

また、**7月頃には各社から「夏休みドリル」も出版されます。**主に1学期の復習を目的としたドリルです。夏休みは一度追い越し学習が終わっていて、さらに学校の授業でも出てきた内容がほとんどですから、負担感が少なくて済むでしょう。

夏休みは机に向かう学習だけではありません。親子でやる自由研究がアクティブラーニングにつながったり、旅行で触れた史跡が歴史の知識になったりします。**子どもの知的好奇心を存分に刺激できる時間を持つ**ようにしましょう。

Summary

夏休みは知的好奇心の刺激、冬休みは学習の仕上げをしましょう。

\ Part /

07

小学校の勉強は年長の秋スタートが現実的になっている

準備して入学するとスムーズに進む

学習指導要領の改訂で、小学校1年生から教科書はむずかしく、内容も多くなりました。そのため計算などの基礎学習の定着が難しくなり、幼児の頃から計算学習する子どもが増えました。

以前ならそこまでする必要はありませんでしたが、さくらんぼ計算に悩む子があまりに多く、その後の学習への影響を考えれば、むしろ幼児期からやってよい時代になったと思います。

具体的には、入学時にひらがなが読み書きできる、足し算ができるくらいがミニマムな準備として適切です。何も幼児の間に百ます計算2分以内にしろというわけではありません。**年長から学習をスタートさせるなら、2年生で足し算・引き算・かけ算の百ます計算2分以内を目標にします。**

まずは十ます計算で十分です。百ます計算に移行するのは計算に慣れてから。小学校入学後でもよいでしょう。

中には年中から始める家庭もありますが、この場合は学習というより、「親と一緒に机に向かって楽しい時間を過ごす」ことを第一の目的にしてください。お絵かきでも、迷路ドリルでもいいでしょう。遊びの中で、鉛筆に慣れることができます。また、5分、10分でも、毎日鉛筆を持って机に向かっていると、年長・1年生以降に学習習慣がつきやすくなるメリットもあります。

Summary

年長秋から入学準備を始めると学習がスムーズになります。

\ Part /

08

つまずきやすいポイントを押さえて指導の助けにする

必須学習単元とつまずきやすい単元

中学・高校につなげるために「必須だ」と言える小学校の学習内容はあまり多くありません。基本的には、算数と漢字です。

算数もすべての単元ではありませんが、押さえるべきところはパーフェクトにすることが大切です。**漢字は熟語も含めて、完璧に習得しておく**必要があります。

巻末資料に、算数について学年ごとの主要単元をまとめてあります。つまずきやすい単元は色文字でマークしてありますので、学習計画の助けにしてください。

追い越し学習の効果は示されている

中高一貫校では、中学生が高校の学習を行うことが法的に認められています。ですから、高校2年生でひととおりの学習を終え、高校3年生では1年間たっぷり受験対策の学習ができます。

つまり、中高一貫校は元々優遇されているのです。これは他の高校がまねできることではありません。

ところが、東京のある公立高校はコロナ禍の前後に大学受験の合格実績を大躍進させました。その高校は昔から名門高校でしたが、このところ中高一貫校にそのお株を奪われていました。

その高校が復活した方法は、公的に学校ではできない先取り学習を家庭で行わせるというもので、私が今提唱していることと、まったく同じ戦略です。

追い越し学習の効果は、高校段階ではすでに示されていると言ってもよいでしょう。

Summary

中学・高校につなげるために必須の学習内容を把握し、そこでつまずかないようにしましょう。

Column

実は大人も苦手な割り算

割り算は深い思考に不可欠

割り算でつまずく子どもは〝あるある〟で、多くいます。

言うまでもなく、割り算は、後に速さ、割合にも関わってくるので重要な計算です。3年生レベルの割り算がパパッとできないと、5年生で学習する割合を理解することはできません。

割合というのは重要な概念なのですが、子どもにとっては「比べる量を割合で割ると、元の量が出てくる」ということが特別にむずかしく感じるようです。

大人は「自分はできている」という前提で子どもを見ていますが、**実は割合を理解**

できておらず、ひいては割り算ができない大人はたくさんいます。

たとえば、26ページで２０２０年から２０２１年のたった１年で、不登校の子どもが約５万人増えたと紹介しました。**この現状を深く考えるためには、「どれくらいの割合で増えたのか」という思考が必要となります。**

たとえば不登校が５万人増えて１００万人が１０５万人になったとしたら、５％増（５万人÷１００万人×１００）です。そう深刻な数字ではないと判断することもできます。

２０２０年の不登校は約19万６０００人で２０２１年の不登校は約24万５０００人なので、計算を単純にするために19万人と24万人にしましょう。同じ５万人でも26％増（５万人÷19万人×１００）です。とたんに違う世界が見えてくるでしょう。

27ページのグラフに示された数字で、そこまで考えた人はいるでしょうか。考えなかったという人は、割合を理解していないのかもしれません。

割り算で問題の本質に迫る

ある経済学者が、テレビで「結局みんな割り算ができないんだよね」と話をしているのを見たことがあります。**経済がわからないのではなく、割り算ができないから経済データを見ることができない**という主旨でした。

たとえば、「労働生産性」は、一人の人が成し遂げた仕事量に対して、時間で割ったものです。この割り算が理解できないと、労働生産性という言葉の定義づけができません。

労働生産性を向上させたいと考えたとき、労働時間が長いのか、給与が低いのか、結局は割合という視点でものごとを考えなければなりません。

私たちの身の回りには解決しなければならない問題が多くあります。それらを指摘する数字やデータもそろっているはずです。割合という視点からものごとを見ていけば、問題の本質に迫れるのではないでしょうか。

第3章

音読、百ます計算、漢字は勉強の筋トレ
～おうち学習の具体的マニュアル

\ Part /
01

3セットを毎日行うことで学力のベースを作る

音読はすべての教科で基礎中の基礎

本章では、第2章の学習計画にも記載していた音読、百ます計算、漢字の学習方法について紹介します。

音読、百ます計算、漢字の3つは毎日行ってください。3つで15〜30分程度です。学習の習熟度により、それぞれの学習はその時々のバランスを考えて調整するとよいでしょう。

まず最初に行うのは音読です。音読は国語だけではなく、すべての教科の基礎中の基礎。どんな教科でも、**文字を読んで理解するのが勉強の基本的スタイルなので、音**

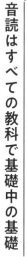

読をトレーニングすることで内容を吸収する力が上がります。

私が視察に行った福岡県鞍手町立西川小学校では、1年生全員が『枕草子』や『学問のすゝめ』の一部を暗唱していました。6年生にいたっては、芥川龍之介の『蜘蛛の糸』の出だし約600字あまりを全員が暗唱しています。

なんでも私の『徹底反復 音読プリント』に掲載している文章はすべて暗唱しているとか。さすがにここまで習熟できるとは想像していなかったので、子どもたちの能力に驚いたものです。子どもの暗唱能力は鍛えるとそれくらい高くなるのです。

音読の教材は学校の教科書などでもよいのですが、**脳の働きを高めるという意味で古典をおすすめ**します。特に低学年の子どもは、言葉の意味や内容よりもリズムを好みます。むしろ、一度読めば意味がわかる文章だと飽きやすく、繰り返して読みたくならないようです。

優れた古典は味わい深い意味があると同時に、言葉のリズムも抜群によいものばかりです。リズムを楽しんで読んでいるうちに、だんだんと意味がわかってきて、古典が好きになってきます。さらに繰り返すと、暗唱できる文章もあるかもしれません。

音読トレーニングの方法

幼児や低学年のうちは、音読の要領がつかめない子もいます。次のようなステップで音読させるとよいでしょう。

①短く区切って親が手本として読み、その後について子どもが読む
②5秒〜10秒ぐらいで読める文章を、親と子が声を合わせて読む
③子どもが一人で最初から最後まで読む

①〜③はテンポよく行うことが大切です。音読で脳を活性化させることで、次の学習へのストレッチのような役割を果たしてくれます。最初は負担を軽くするためにも、短い文章から始めることも大切です。

音読はある程度の期間、同じ文章を読むようにします。

初めての文章を読んでから数日たち、文章を見ながらすらすら読めるようになったら、**②の一緒に読む段階で、「文字を見ずに言えるかな？」と徐々に暗唱に導いてください。**読むスピードを上げて一度に読む量を増やすのもコツです。

③ですらすら暗唱できるようになったら、新しい文章にチャレンジする頃合いです。

また、音読の要領がつかめてきたら、①～③のステップを簡易にして、②から始めたり、③だけ行ったりすることもできます。

なお、学習の始めに行う音読とは別に、算数の勉強時は解説文、文章題もおうちでは音読するようにします。公式や単位の意味などは、自分で説明ができるくらいまで集中して音読すると、しっかり理解していることになります。

社会の教科書などは、音読の教材としても役に立ちますし、授業の予習にもなります。とにかく丸暗記してしまい、その能力を高めると、後々の学習の土台となります。

Summary

基礎の基礎である音読は学習のスタート時、脳を活性化するために行います。

\ Part /

02

計算力を高める百ます計算の取り組みポイント

学力の基礎体力をつける

百ます計算は、数字のしくみが理解でき、また応用問題を解く際の処理能力を高めることのできる有効なツールです。計算力は、スポーツでいう筋トレのようなものです。**毎日行うことで学力の基礎体力を作ることができます。**

百ます計算の目的は、計算力を上げながら脳を鍛えること、集中力を身につけることですから、1ます1秒でできるようスピードを上げていくことが大切です。

速くこなそうとするとき、脳はそのスピードに反応して活性化します。また、脳は反復することで新しい回路ができます。百ます計算が脳のトレーニングであるとわかれば、時間を計る意味も、同じ問題を繰り返す意味もわかるでしょう。

有数の進学校に通うあるお子さんは、中学生・高校生になっても百ます計算をしてスランプを脱出するそうです。百ます計算の脳トレ効果をよく知っているからこその方策だと思います。

百ます計算に取り組む際のポイントは以下の3つです。

①タイムを計る

百ます計算は単純な計算練習なので、解くことは難しくありません。大切なのは「高速でできる」ことです。毎日の記録をメモして、タイムの短縮を成長の目安にします。

②毎日続ける

百ます計算は毎日続けることで効果を発揮します。

③2週間同じ問題を繰り返す

まったく同じ問題を2週間続けます。同じ問題だから、続けることで確実に高速化していくはずです。パッと見るだけで答えが自動的に出るくらい繰り返すことが、計算力向上のカギとなります。

左から右へ順番に

百ます計算は、横に10個、縦に10個の数字が並んでいます。この横の数字と縦の数字を足し算、引き算、かけ算していくのが百ます計算です。

大切なのは、順番に、左から右へと横に書いていくこと。縦方向に書いたり、飛ばし飛ばしで書いたりするのはナシです。

百ます計算を解いている様子を見ているとわかるのですが、どの子にも「苦手な数字の組み合わせ」があるようです。**苦手な組み合わせを解消してさっさと答えられるようにすることで、算数のつまずきのきっかけをつぶしていきます。**

Summary

2週間同じ問題を繰り返して脳を活性化させましょう。

おすすめ教材

『陰山メソッド　徹底反復百ます計算』

（小学館）

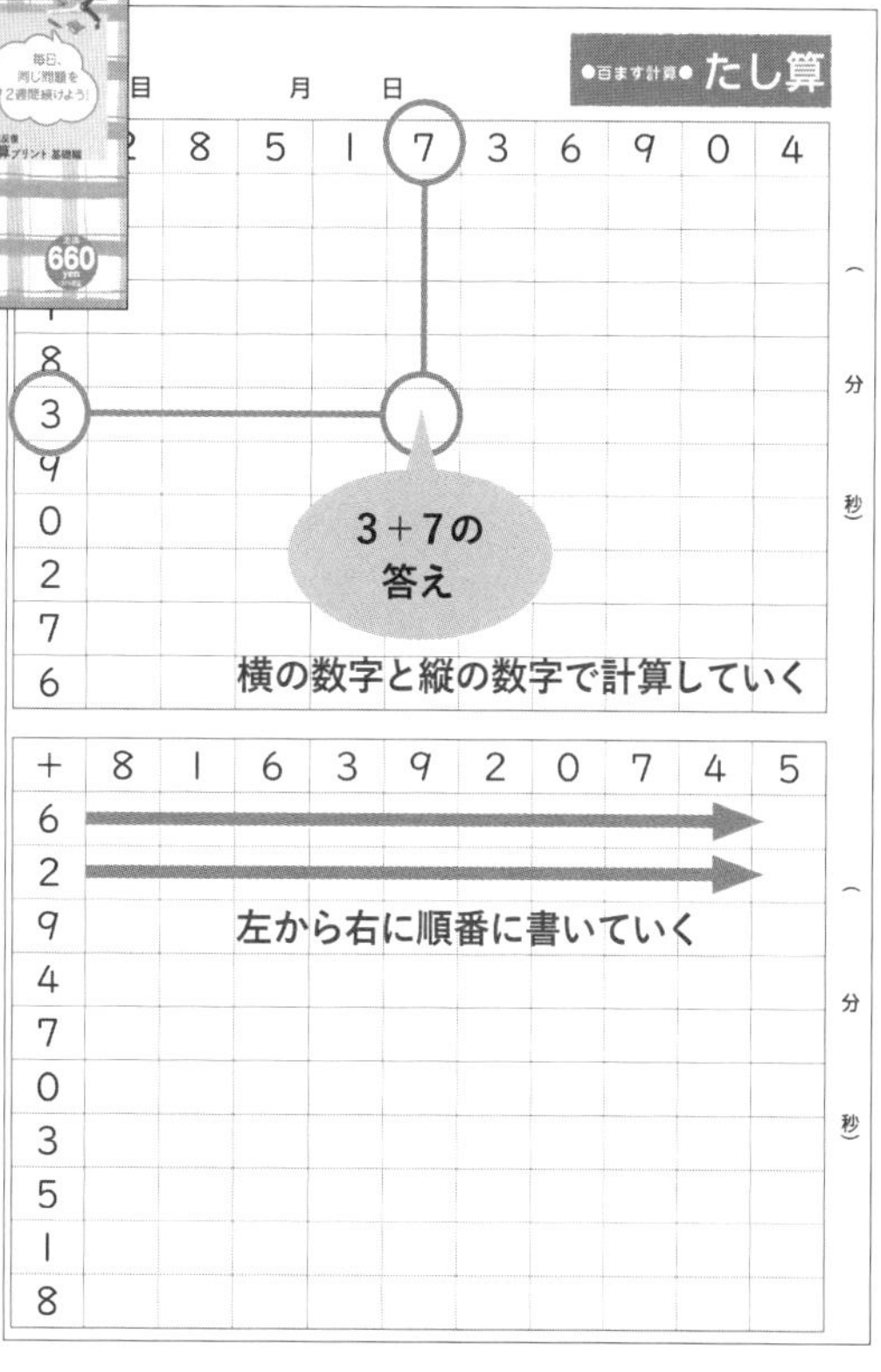

\ Part /

03

百ます計算は2年生で2分以内、百割計算は4年生で5分以内を目標に

スタートは「十ます計算」でやる気を出す

百ます計算は左端の数字を見て、上の数字を見てと、目を動かしながら計算をしていきます。普通の式で計算するより、百ます計算のほうが脳への負荷がかかるわけです。

特に低年齢ではハードルが高いでしょう。そのため、**まず「十ます計算」から始める**ようにします。

十ます計算から百ます計算に移るステップを紹介しましょう。

①「＋0」の十ます計算で目標10秒

「＋0」の十ます計算はすぐ上の数字を書き写すだけなので、多くの子がすぐにで

十ます計算(足し算)

「＋1」の例。色のついている数字を順に上げていく。
「＋0」から「＋9」まで繰り返し行う（本文参照）。

がつ　にち　なまえ（　　　　）

＋	1	2	3	4	5	6	7	8	9	0
1										

横の数字と縦の数字で計算していく

（　分　秒）

＋	3	4	0	1	7	9	2	8	5	6
1										

（　分　秒）

＋	3	1	8	6	7	2	0	9	5	4
1										

（　分　秒）

＋	1	4	2	7	8	5	0	6	3	9
1										

（　分　秒）

＋	4	5	2	9	3	6	1	7	0	8
1										

（　分　秒）

＋	6	5	8	7	2	4	9	1	0	3
1										

（　分　秒）

きます。ハードルが低いので集中しやすく、2回目、3回目とタイムが上がっていきます。褒めてますますやる気にさせましょう。10秒程度でできるようになったら、②に移ります。

②「＋1」の十ます計算で目標10〜20秒

「＋0」の十ます計算で10秒くらいになったら、「＋1」の10〜20秒を達成するまで繰り返します。達成したら「＋2」、また達成したら「＋3」と、「＋9」までトレーニングしましょう。

③「百ます計算」に移行する

1年生の秋以降は百ます計算に移行して、2年生で足し算・引き算・かけ算すべて2分以内を目指しましょう。

なお、2年生以降の子も、「うちの子にはむずかしい」と感じたら、十ます計算から始めましょう。繰り返しになりますが、学習のつまずきを挽回するには、思い切って戻るのがコツです。

百ます計算・百割計算の目標

基本的に百ます計算が2分以内になったら「読み書き計算の能力が高度に高まった」と言えます。**年長～1年生から始めたら、2年生の間に足し算・引き算・かけ算の百ます計算2分以内が目標です。**

百ます計算2分以内を達成したら、百割計算です。割り算は3年生の学習範囲となっていて、**割り算をきっかけに算数を苦手にする子どもが目立つようになります。**

割り算の商を出すのに苦労していたらかけ算の百ます計算、**割り算のあまりでつまずいていたら引き算の百ます計算に戻って再度タイムをチェックしましょう。**

なお、3年生以上になってから始めるなら、なるべく早い段階で百ます計算2分以内を目指します。百ます計算2分以内が最優先です。2分以内になったら、百割計算にチャレンジします。百割計算の目標は4年生で5分以内、できればその後2分以内を目指します。

6年生で始める場合は、卒業時に百割計算5分以内が目標です。その後、中学生でも百割計算2分以内を目指します。

目標を達成した後も、計算が遅くなったと思ったらすぐ百ます計算をしましょう。百ます計算は脳を絶えず最大出力できる状態にもっていきます。集中力のトレーニングになるので、いつでも速くできることが必要です。

小さな○付けより大きな花丸を付ける

基本的に、百ます計算もその他のドリルも、親が○付けをしてあげましょう。子どもが間違えやすい箇所、つまずきに気づきやすくなります。

百ます計算や漢字など項目が多いものは、○付けではなく間違った箇所に×付けをします。百ます計算に一つずつ○を付けていたらごちゃごちゃしてわかりづらくなってしまいます。子どものやる気を失わないよう、**間違えた箇所の端っこに小さくちょこっとチェックを入れます。**

間違った箇所は、すぐにやり直しをさせます。

やり直しが終わって**全部正解になったら、プリントの全面に大きな花丸、もしくは三重丸を付けましょう。**子どもは小さな○より大きな花丸を喜んでくれますので、効果的です。

『テストの点が上がる練習テスト』など、単元テストの場合は1問1問が勝負ですから、一問ずつ○付けをします。教材の質によって○付けと×付けを使い分けるようにしてください。

Summary

百ます計算は学力を高める中心的な存在。毎日続けましょう。

\ Part /

04

漢字はユニット式の学習方法でまとめて覚える

豊かな語彙《ごい》力を身につけよう

漢字学習は「読んで書ければ合格」ではありません。

漢字学習は語彙学習です。**漢字を組み合わせて熟語をマスターし、語彙を増やすまでが漢字学習の目的と言えます。**漢字テスト満点はゴールではなく、語彙習得のスタートです。

たとえば「葉」という漢字があります。

「若い」という字と組み合わさると「若葉」となり、緑色の葉を連想するでしょう。ところが、「紅葉」になるとモミジなどの葉が黄色や赤に色づいている様子、「落ち葉」

になると葉が落ちている様子を思い浮かべるでしょう。

漢字と漢字の組み合わせで、大きく意味が変わってくるわけです。語彙力が増えると、表現したいこと、伝えたいこと、感じ取れることが豊かになっていきます。

コツコツよりもまとめて覚える

たとえば20個の新しい漢字を覚える際、毎日2個ずつコツコツ覚えていくのと、一度に20個を覚えて繰り返す方法のどちらが効率がよいと思いますか。

答えは、**一度に20個の漢字を覚えて繰り返す方法です。**

実は、私も漢字を教えることには苦労しました。どんなに教えても、なかなかみんなに満点を取らせることができなかったからです。当時は**漢字が苦手な子に2～3個ずつ練習させていたのですが、やればやるほど子どもが覚えなくなっていきます。**

20問のテストで20点、30点くらいの子も出るくらいでした。

悩んだ私は、**冬休みに1年分の漢字の宿題を出しました。**1年間で学習する漢字の数は学年によって異なりますが、およそ200文字程度です。200文字が全部1枚に収められているプリントを渡したわけです。そのうえで、

「冬休み明け1月○日の2時間目に、このプリントでテストをするので、よろしくお願いします」

と親にも宣言しておきました。テストの問題と答えをあらかじめ渡したのです。

冬休みは2週間くらいしかありませんが、思った以上に家族で自宅にいることが多いようです。加えて、問題と答えを受け取っているため、「できなかった」では恥ずかしいと思うのか、**子どもの漢字の勉強につき合う親が多くいました。**

結果、これまで20〜30点が多かった子も、80点を取ることができました。

「20問のテストで20点なのに、200問だと80点取れるのか!?」

のけぞるほど驚いた出来事でした。

これは、**親が勉強を見る効果であり、漢字をまとめて覚えたほうが効率がよいという証明でもあります。**2週間しかないのに、200字も覚えられるのですから。

漢字学習のステップ

この経験から、試行錯誤をして築いた漢字学習ステップが次です。

①音読で読みと意味を覚える
②漢字の練習をして覚える
③漢字を使って短文の読み書きをする
④覚えた漢字を使った熟語を覚える
⑤熟語のテストをする

このステップで、まとめて何文字かを覚えていきます。**1年生なら一度に8字程度、漢字がぐっと増える3年生からは一度に20字程度を目安**にするとよいでしょう。

1年間に習う漢字は3年生からぐんと増えますが、中学年・高学年になると部首の概念がわかるようになります。漢字を覚える力が育ってくるので、ある程度、音読の際に目にしただけでも漢字を書けるようになるのです。

漢字で使う教材は『徹底反復 ○年生の漢字』シリーズです。1年間に学習する漢字を10ユニットに分けています。1年生は1ユニットが8字、2年生は16字で、前述のステップに沿ってユニットごとに漢字の学習が進められるように作られています。覚えが早い子は、2か月程度で終えられるでしょう。ひと通り終えたら、熟語テストで満点を取れるまで繰り返します。**漢字の「盤石な基礎」はどんな漢字テストをやっても80点以上、「超強力な基礎」と言ったらほぼ100点が目安です。**

書き順がでたらめな子の場合、書き順のお手本を見ていないことが多いので、漢字練習の際の子どもの目線を確認してみてください。

また、5年生ぐらいで漢字を苦手にしている子は、3年生ぐらいからついていけなかった可能性があります。**学習し直したら2週間で覚えた例もありますので、思い切って戻ることが大切です。**卒業時には小学校の漢字をパーフェクトにしましょう。

Summary

漢字は春休みから新学年の漢字をまとめて覚えましょう。

おすすめ教材

穴埋め・増強期に使いやすい
『陰山メソッド　徹底反復　○年生の漢字』
（小学館）

①音読で読みと意味を覚える

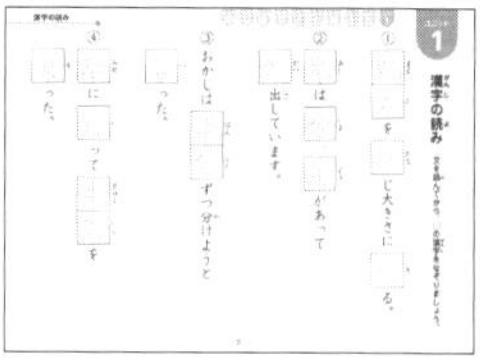

②漢字の練習をして覚える

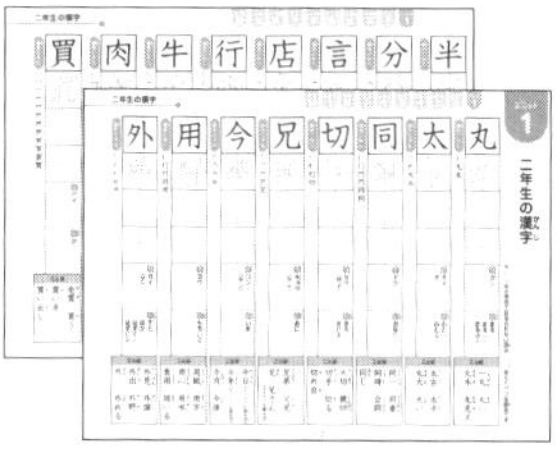

③漢字を使って短文の読み書きをする

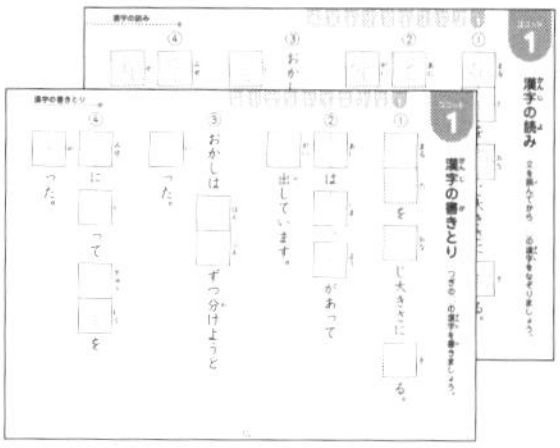

④覚えた漢字を使った熟語を覚える

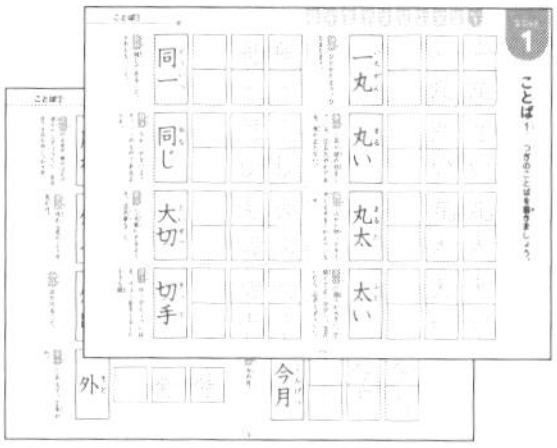

⑤熟語のテストをする

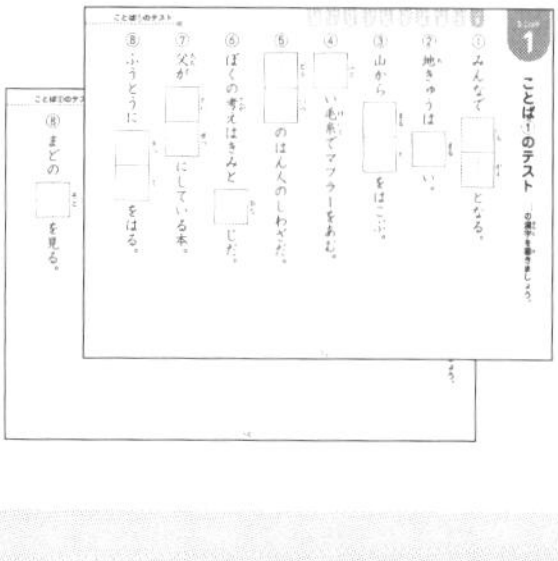

Column

デジタル技術を使った学習の可能性

反復が得意なデジタルツール

基本的に学習にはデジタルより紙のほうが向いていますし、現状、学習の中心は紙で行われています。ただデジタル技術の学習への利用にメリットがないわけではありません。

学習で大切なのは「徹底的に反復する」ことです。デジタル、オンライン、紙というのはツールであって、目的ではありません。

残念ながら学校の授業はその場限りのものです。ライブだから思わぬ方向で盛り上がったり、その時の空気感などと一緒に記憶に残ったりするメリットはあります。ただし、まったく同じことを反復することはできません。

これが学校の授業の弱点です。

一方で、参考書を使った学習、百ます計算は反復することができます。そして、**この反復にはデジタルというツールが強い**のです。タブレットに配信される動画授業、ラジオ講座などの音声は典型的でしょう。

特に百ます計算は同じ問題を2週間続けて解きますから、タブレットでできればより反復しやすい教材になるのではないかと思っています。私が作る教材は全体的にデジタルと相性がいいのではないでしょうか。

コンピュータの反復が得意な面を生かすと、英語の学習にも大いに役立ちます。

たとえば単語の発音を聞いて覚えたいとき、人に何度も繰り返し言ってもらうには限度があります。相手が嫌になるでしょう。でもコンピュータなら、自分が聞きたいところを何度も繰り返すことができるわけです。

百ます計算とデジタル技術

実は、ニンテンドーDSには百ます計算のソフトがあって、発表当時すごくヒットしたことがありました。今でもやり続けている人がいるようで、全画面クリアしたとTwitterで報告してくれる人がいます。実は、クリアした人だけが見られる隠しコマンドがあるのですが、それを見てくれたようです。

DSには勉強系のソフトが多くそろっていました。現状では、デジタル系で最も成功した学習ツールだったのではないでしょうか。

その理由の一つに、画面の小ささがあったと思います。小さい分、反応が早くて、百ます計算もできたわけです。

ところが現状のタブレットでは、文字の記入が今ひとつです。技術は大変に向上していますが、反応が遅い。子どもが鉛筆と同じように使えるほどの入力ペンも、感知能力も、満足できるレベルではないと思います。

百ます計算ならテンキーでもよいので、百ます計算デジタル版を作ってみたいと考えています。もう少し技術が進めば、タブレットに高速で書きながら百ます計算ができるものが作れるかもしれません。

絶対に必要なのはタイピング技術

現在、コンピュータを使った教育を進めようという流れがあります。よく言われるのはプログラミング学習です。

世界的にプログラミング人材が不足しているので、技術をもっている人を育てるのはよいことですが、絵に描いた餅なのが実情です。少なくとも、うまくいっているとは言えない状態でしょう。

現状のやり方が続くようなら、学校でプログラミング技術の習得は期待できないのではないでしょうか。

プログラミング以外、コンピュータスキルなども同様です。

おうちでやれることの中で**絶対に身につけたほうがよいのは、タイピングスキルで**

す。デジタル学習の中でも重要なものです。

文書類の作成にも、メールなどのコミュニケーションにもタイピングは使いますし、コンピュータを使うために必要なスキルでしょう。

タイピングは、私は小学校2年生か3年生から始めるとよいと思います。

かつてローマ字学習は4年生の3学期でしたが、現在は3年生です。これはタイピング習得のために早めたものなのですが、私が広島県尾道市立土堂小学校の実践研究で行ったときは2年生でも十分にできていました。ネットでできる無料のタイピング訓練ゲームをやれば、子どもはすぐにマスターします。

第4章

おうち学習を
成功に導くための
「基礎固め」のコツ

Part

01

音読をより効果的にするポイントを押さえよう

音読は高校生になっても大切

音読は学校の宿題になることも多いテーマです。低学年の頃はまだ読みにつまる子も多いため、熱心に聞いていた親も、読むのが上手になると、聞くことがだんだんおろそかになりがちではないでしょうか。

しかし実は、音読はただの読む練習ではありません。**脳のエンジンをかけ、活性化するのに役立ちます。**また、名文を読むことで文章のリズムを体で覚えることもできます。

暗記にぴったりの方法でもあります。声に出して耳で聞くため、五感を多く使うからです。

音読が不思議なのは、繰り返し声を出して読むと、その意味が少しずつわかってくることです。だからこそ、日本では、昔から音読を学習の基本としてきました。

江戸時代の寺子屋では、「素読《そどく》」といって、現在の音読を学習の一つにしていました。『徒然草』『方丈記』などの古文はもちろん、『論語』などの漢文まで、何度も音読して文章のリズムを味わいながら、自然と意味を感じていったわけです。

これだけの効果がある音読ですから、高学年になっても続ける意義は大いにあります。むしろ、中学生、高校生のほうが、音読の重要性が増すくらいです。古文はもちろん、英語などの語学学習にも、社会などの暗記科目でも音読の効果を生かしていけます。

さまざまな学習法の中でも、音読は手軽で効果が高い方法です。次のポイントをふまえて行いましょう。

音読ポイント①スピード感

黙読するとさらっと流して読めた気になる文章でも、音読するとつまったり、また一部が遅くなってしまったりすることがあります。つまる箇所や、遅くなる箇所は、言葉や意味がわからない部分です。

逆に言えば、スピード感を持って読めるくらいまで繰り返し読むことが大切ということになります。これは高校生が受験勉強にも使える方法で、決してレベルの低い学習方法ではありません。

音読ポイント②お手本のまねをする

大人がお手本を聞かせ、子どもはそれをそっくりまねすると、音読が上達しやすくなります。

音読ポイント③口の開け方や姿勢に注意して、明瞭に発声する

音読は口の運動にも、発声練習にもなります。自分の言葉を聞くため、耳も働いています。また、姿勢を正して読むことで発声もよくなりますし、体幹も鍛えられます。

黙読より多くの体の部位を使いますから、その分、脳が刺激されて、学習を効果的にするのでしょう。

また、音読の題材には、より高度な文章を選ぶようにしましょう。古文・漢文などの名文もその一つです。子どもは意味よりもリズムを好みますから、意外と楽しんで音読してくれますし、高度な文章を読む分、脳への刺激、学力向上への影響が大きくなります。受験の参考書などもガンガン音読すべきなのです。

Summary

音読は、中学生になっても高校生になっても役立つ学習方法です。

Part 02

ケアレスミスを防ぐには実力をつけていくしかない

ケアレスミスは実力不足で起きる

たまに相談されるのが、テスト時のケアレスミスです。ケアレスミスは「わかっているのに間違ってしまった問題」で、非常にもったいなく感じてしまいます。

「わからなかった問題」は、見直しや修正がしやすい面があります。わからない箇所を特定しやすく、そこを理解すればわかるからです。

一方で、「わかっているのに間違ってしまった問題」は原因が特定しづらいという特徴があります。そのため、見直しや修正がしづらく、また同じようなミスを繰り返すこともあります。

不注意で間違ってしまったように見えるケアレスミスですが、実はたまたま起ることではありません。

多くのケアレスミスは、実力不足が原因です。練習不足、覚え間違いなどで、自覚のないまま、「学力の虫食い」状態になっています。

百ます計算をすると、「＋1」「＋2」はさっとできるのに、「＋6」「＋7」はスピードが落ちる、という子がいます。かけ算でも、4の段は早いのに、8の段は時間がかかったり。同じ計算でも、できる部分と、練習不足の部分があり、虫食いになってしまうのです。

虫食いは部分的なものですから、気づきづらく、自分でできていないという自覚がありません。**できると思っているので、穴になっている部分を埋めようともしません。**

これが実力不足になって、ケアレスミスとして表れるわけです。

ケアレスミスをしなくなるのは簡単

ケアレスミス問題は深刻ですが、リカバリーしやすい問題でもあります。**基礎学習を徹底し直すだけで、穴になっている部分を埋めることができます。**

算数なら百ます計算です。小学校3年生以降になると、足し算の百ます計算をするのはそう負担になりません。思い切って足し算まで戻って、タイムを上げることに集中しましょう。

漢字も同様です。よくあるのが、「とめ」「はね」「はらい」の間違い、横棒や縦棒の数が多かったり少なかったりする間違いです。

これらも、不注意によるミスに見えて、実は文字の形をあやふやに覚えているのが原因です。きちんと覚えられていません。

漢字が苦手な場合には、1年生まで戻ることで、正しい形を確認しながら固めることができます。 3年生で記憶があやふやな漢字が増えてくる子が多いから、思い切って1年生まで戻るわけです。

1、2年生は偏やつくりなどが単純で基本的な漢字が多いので、しっかり確認することで、3年生以降は組み合わせで覚えやすくなります。

この場合、一定期間、漢字に集中するとよいでしょう。テーマを絞ると、子どもも集中しやすいので、短期間で仕上げることができます。漢字勉強の本質である熟語も、1年生のものなら簡単に感じるはずです。

計算も漢字も、1年生まで戻ってもそう時間はかかりません。思い切って戻って、基礎を固めましょう。

Summary

基礎を固め直すことで実力をつけ、ケアレスミスをなくしましょう。

\ Part /

03

伸び悩んだら「基礎抜け」を疑う

スランプ時こそ基礎を再度固める

どんな子でも、学習を進めていく中で必ず伸び悩む時期がきます。がんばっているのに成果が出ないと、勉強がつまらなくなってしまいがちです。

アスリートがスランプに陥った、というニュースを見聞きすることがあると思います。学習の伸び悩み時は、ちょうどこれと似たような状況です。

では、アスリートがスランプになった時、どうやってそこから脱出するでしょうか。多少の気分転換はするかもしれません。コーチや監督にアドバイスをもらうかもしれません。それこそ、あれやこれや、手を尽くしてその状況を打破しようとするはずです。

しかし、**実力のある多くのアスリートは基本に戻ります。**

もともと、うまくいっていた方向から、ずれてしまって現状があるわけです。以前のうまくいっていた自分に「戻る」ことが、スランプから脱出する大切なカギでしょう。野球選手なら素振りをするでしょうし、水泳選手なら練習メニューを見直してフォームを修正するでしょう。

子どもの学習も同じです。**学力が伸び悩む最大の原因は、「基礎抜け」です。**

基礎はどれだけ固めても、時間がたつと抜けてしまうことがあります。つまり忘れるのです。学習から離れてしまったり、応用に目を向けたりしていると、必ずと言ってもいいほど抜けるのが基礎だと言えます。

であれば、アスリートのように、再度、基礎を固め直せばいいわけです。

いつでも百ます計算に戻る

基礎固めにもっとも最適な教材は、百ます計算です。都内有数の進学校に通う子どもを持つある家庭では、家には必ず百ます計算のドリルが10冊以上置いてあるそうです。それには驚きましたが、置いてあればいつでも始められますし、スランプ時にもすぐに手にすることができます。

百ます計算のタイムを縮めるのに欠かせないのは慣れ。慣れていなければ時間がかかりますし、慣れていれば時間が短く済むのが百ます計算です。

そのため、応用問題ばかりを一生懸命やっていると、百ます計算が遅くなります。単純に、百ます計算をやっていないからです。

百ます計算をやっていないから基礎抜けが発生し、集中力も落ち、だんだんと応用問題も解けなくなっていく、ということが起こるのです。

ある地方で、2つの小学校が合併したことがありました。A小学校では百ます計算を導入していて、全校生徒が私も驚くレベルになっていました。B小学校は導入していませんでしたが、合併後に百ます計算を取り入れる学習が決まりました。

当然、最初はA校が圧倒的だったのですが、B校も慣れていくうちにタイムが上がってきます。ところが驚いたことに、A校のタイムが少しずつ落ちていったのです。

これはどうやら、合併当初のB校のレベルに油断して、自然と集中力を失ってしまった結果のようです。結果的に、怠ける練習になってしまったのではないでしょうか。実に残念でした。

トレーニングをしなくなり、筋肉が落ちてしまったのと同じような印象を受けました。

これも一つの基礎抜けの例と言えるでしょう。

基礎抜けを起こさないためには、百ます計算を続けるのが効果的ですが、もう一つ、**子どもには学習スタイルの確立、目標の意識づけを何度も話しましょう。**これが染み込んでいれば、中学生になっても高校生になっても、自分のエンジンで学習を継続する力がつきます。

Summary

基礎抜けは防ぎたいけれど、起こってしまったら戻って再度やり直すのが効果的です。

\ Part /
04

学年別のアドバイスと卒業時の目標

幼児は机に向かう練習から

教育課程があまりにも変わりすぎていて、先生たちも振り回されている残念な状況ではありますが、実は旧来の学習も、新しい学習も、大事なことはそう変わりません。常に、基礎を徹底的に固めることです。

幼児は、まずはお絵かきなどを通じて楽しく机に向かう時間を作りながら、年長の秋以降、ひらがな、足し算・引き算の練習を始めます。

1〜2年生…百ます計算で基礎を固める

算数は足し算・引き算・かけ算を盤石にする（百ます計算2分以内）。国語はひらがな・カタカナ・漢字を完璧にします。

小学校のカリキュラム面で見ると、区切りが3年生にあります。大雑把に言うと、算数では1~3年生で四則演算を学び、4~6年生でそれを使って割合や速さなどを学んでいく流れです。**「前半でひな形を学んで、後半でひな形を使って学びを深めていく」「前半で基礎を固め、後半で応用」と言えます。**

この大枠は以前から変わりませんが、最近は2年生、3年生から応用問題が連続して出てくるようになりました。

以前は「1年生のやり残しは2年生でやればいい」「2年生の柱は九九」と伝えていましたが、それは2年生までは余裕があったからです。今はそれでは間に合いません。基礎を早期に固める必要があります。

かけ算までがマスト。余裕がある子なら割り算範囲に入ってもよいでしょう。

3~4年生…算数は割り算まで盤石にする

算数は、割り算をしっかり身につけておけば、6年生までつまずくことが少なくなります。**百割計算5分以内を目指しましょう。**国語は、3年生でグッと覚える漢字が増えますが、部首を学びながら、パーフェクトに仕上げます。**3年生で後れをとってしまうと、苦手意識が固定されやすくなる**からです。

3年生になると、視野がぐっと広くなります。1~2年生までは、自分のことしかよくわからないのですが、3年生になると人と比べたり、自分の家庭と友達の家庭を比べたりするようになるわけです。

少なくとも「僕は無理だ」「頭が悪いからだめだ」と自信を失わせないように、4年生までに基礎を盤石にしておきましょう。

自我も強くなりますから、大人に反抗したり、禁止されていることをやってみたりする子もいます。ギャングエイジと呼ばれるゆえんです。

5~6年生…将来を意識しながら知的好奇心を伸ばしていく

子どもたちが自分の未来をイメージし出すのは、だいたい5年生からです。

なりたい職業などを考え始めますから、さまざまな選択肢を一緒に考えたり、望んでいる職業になる方法を調べたりすると、ポジティブに未来に目を向けるようになります。

希望の高校はどこか、大学まで行くのかなど、家族で会話するのもよいでしょう。自然と希望の進路が見えてきますので、学習面の目標も定まりやすくなります。

勉強面は、算数は割合や速さの問題などを盤石にします。卒業時に算数で苦手分野がない状態、国語は漢字と文法をパーフェクトにしておきます。

社会・理科については、教科書を読んで基本的なことをしっかり覚えておけば大丈夫です。

Summary

算数の基礎が固まっているかどうかは百ます計算で常に確認しましょう。

Column

1日の勉強量を子どもに伝える

年間計画をどう継続していくか

子どもが体感している時間は大人よりずっと長いと言われています。親が立てた年間計画を伝えても、1年間は子どもにとって長く、理解するのはむずかしいでしょう。高学年で、学習に慣れた子なら少しイメージできる程度です。

ですから、**どんな勉強をするかは子どもと一緒に考えましょう。**

子どもの段階にもよりますが、低学年の場合、1日にやることを目に見えるようにしておきます。音読、百ます計算、漢字の3セットは毎日行いますので、繰り返していくうちに流れも覚えていくはずです。

追い越し学習については、『たったこれだけプリント』を見せて、「1日に2ページやれば、○月○日に終わるよ」と目標を持たせましょう。

成果を見える化する

行った学習は、できるだけ成果として子どもにわかりやすく見える化しましょう。

子どもたちは目に見える成果を喜び、楽しんで、学習に積極的になります。

たとえば、その日に行った学習内容、百ます計算のタイムは記録しましょう。数字にすると、より成果としてわかりやすくなるのでおすすめです。

中学、高校でも、学習目標を決めて学力をアップさせている学校があります。手帳を持たせて、計画や成果を記録する学校もあります。

私が現場の教師だった頃は、子どもの生活習慣を点数化した「生活ノート」を持たせていました。

たとえば「朝ご飯を全部食べたかどうか」「夜早く寝たかどうか」というように、

大切な生活習慣をピックアップして点数化したものです。

「生活ノート」を続けると、不思議と子どもたちは自分の人生に前向きになっていきました。流れていく毎日を振り返る時間を持つことで、翌日の活力になっていくのです。その成果は大人向けに発売している陰山手帳に生かされています。

本書は、別冊として「毎日コツコツ・書きこみ式 勉強ダイアリー」をつけています。使い方については別冊にありますが、その日に行った勉強内容と時間を記録して、その日の出来事や勉強の感想などをまとめるものです。

4週間分ありますので、続けると自信になるでしょう。

第5章

子どもの実り豊かな人生のために

\ Part /

01

読み書き計算はどんな時代にも学力の基盤となる

既存の学習方法の上に新しい学習方法を重ねる

マスコミでも報道されているので知っている人も多いと思いますが、日本ではさまざまな教育改革を模索しています。大学受験のセンター試験は廃止され、現在は大学入学共通テストとなりました。

英語については、小学校の授業でも本格的に行われるようになりました。現場の先生方も教え方に苦労しているようです。

統計学が必要とされる時代を反映して、6年生では、算数で階級、最頻値、ドットプロットなどの言葉が使われます。

おそらく、教育制度、入試制度はこれからも変わっていくでしょう。しかし、**どんな時代になっても、学力向上の第一歩は基礎を固めていくことです。**

何より大切なのは読み書き計算。音読、百ます計算で脳の力を最大限に高め、漢字で語彙力を増やしていきます。

これを基軸にして、新しい学習方法の習得を上に重ねない限り、応用は上すべりします。ネットを通じてネイティブから英会話を学んだり、動画による配信授業を見たりする新しい学習方法はこれからもどんどん出てきますが、これらもこうした読み書きの能力や学習方法が基本であるべきです。

文章力を磨く

読み書き計算を身につけたら、文章を書く力に転換することも大切です。

デジタルを通じたコミュニケーションでは、文章でのやりとりが増えています。書く力を鍛えることで、仕事で企画書や報告書を書く、思いを伝える手紙を書くなど、さまざまな自己表現が可能になります。

実は、文章力を磨くのにも、音読は役に立ちます。リズム感のある文章は読みやすく、伝わりやすいものだからです。日頃から名文の音読をしていると、体に文章のリズムが染み込んでいきますので、リズムのよい文章が書ける素地ができるのです。

また、豊富な語彙力も表現力を増やしますから、漢字学習も文章力に不可欠です。

文章力を磨く具体的な方法は、書く量を増やすことです。日記、読書記録、見た映画の記録でもよいでしょう。手書きではなく、**パソコンで書くと、タイピングの練習も兼ねられます。**

私が2002年に出版して話題になった『本当の学力をつける本』は、ワープロで書きました。この本を書いていた当時、特に出版社が決まっているわけでもない、出せるあてもない本だったのですが、絶対に書き上げたかったのです。

しかし、多忙の中で、思いだけで原稿は書けません。誰よりも早くワープロ活用を始めたからこそできたことでした。

また、相談されて考案した**「百ます作文」もおすすめ**です。思いついたことを百字程度にさっと書く練習です。ポイントは、時間を区切ることです。

集中して思い出して書くことを繰り返すうち、はじめはメモのような文章だったものが、少しずつまとまった文章になっていきます。

たとえばハイキングに出かけたことを書くなら、最初は場所や自分がしたことなど、断片的な情報しか書けなかったりします。文章を書き慣れてくると、場所はもちろん、見た風景、出会った人、感じたことなどさまざまな情報を整理したうえで、伝えたいことを文章にできるようになるわけです。

Summary

基礎を大切にしながら時代に対応していきましょう。

\ Part /

02

知的好奇心を最大に引き出す働きかけをしていく

知的好奇心を刺激するのは親の役目

幼児から低学年の頃は、最も好奇心が大きな年代ではないでしょうか。

大人にとって当たり前のことでも不思議がいっぱいで、それがどうして動くのか、どうしてそのようになっているのかに、好奇心を燃やします。世の中の不思議なものに触れて目を輝かせる子どもの様子は本当にかわいらしいものです。

それを**うまく刺激してあげると、4年生以降、一生を通じて持ち続けられる知的好奇心を育てることができます。**

私の友達は、小学生のときに川のプランクトンを調べて、自由研究で地域の賞をもらいました。大人になってからは京大病院で微生物の研究をしています。

また、知人に、大手ゲーム会社の優秀なゲームクリエイターがいます。誰もが知っているような大ヒットゲームを手がけた人です。しかし彼は、子どもにゲームはやらせないで、家族でアウトドアで遊ぶことを大切にしています。

その教育方針を不思議に思って聞いてみると、

「ゲームはおもしろさや楽しさを体験して、それをバーチャルでどう再現するかなんですよ。だから、リアルでおもしろい、楽しいことを知っていなければ、優秀なゲームクリエイターにはなれないんです」

おもしろい、楽しいことを小学生の間に徹底的に体験させるのは、研究者だろうが、ゲームクリエイターだろうが共通しているのです。子どもの知的好奇心を伸ばすのは親の仕事の一つなのです。

豊かな人生に欠かせない知的好奇心

子どもの知的好奇心を伸ばしてほしいのは、その子が豊かな人生を送るためです。

おもしろいこと、楽しいことを知っている人は、人生を楽しむことができます。楽しい人の周りには人が集まってきますし、ビジネスチャンスも寄ってくるでしょう。人間性を育むのも、知的好奇心がベースになるのではないでしょうか。

教養という意味でも、知的好奇心は不可欠です。たとえば海外旅行に行ったとき、その土地の歴史や地理を知っていれば、より深く楽しむことができます。知的好奇心があれば、一生学びを続けられます。

読書や良質なテレビ番組、地域で開催している勉強会、博物館、大学のオープン講座など、さまざまな機会から教養を増やしていけるでしょう。

これもまた、豊かな人生につながるポイントです。

確かに、昔と比べると子どもが遊べるスペースが減っているという状況になっています。特に都市部に住んでいると、豊かな自然に日常的に触れることはむずかしいかもしれません。

それでも、できることはあります。公園で虫を見つけたとき、名前を図鑑で調べてみる。旅行に行くときには、前後でその地域について調べてみる。週末に少し足を伸ばしてみる。

このように、いかに生活の中に組み入れていくかです。大切なのは、親が一緒に楽しむこと。親が楽しんでいれば、子どもも自然と楽しんでくれるようになります。

Summary

子どもの知的好奇心を伸ばすのは、親の役目です。

\ Part /
03

子どもの知的好奇心を刺激する仕掛けを作る

子どもの知的好奇心は生活の中に仕掛けを作ることで刺激されます。その方法を羅列するときりがありませんが、いくつか代表的なものを紹介しましょう。

テレビの横に地球儀や図鑑を置く

テレビの横に地球儀や図鑑を置くのは、比較的すぐに取り入れやすい方法です。これは、「興味を持ったことはすぐに調べられる環境」を作るということです。

子どもはテレビを見るのが好きですし、テレビからは情報が次々と流れてきますから、見ているうちに疑問を持ったり、興味を持ったりすることはよくあります。その際にすぐに調べられる環境を整えておくようにするわけです。

家族でテレビを見ていて、知らないことがあれば一緒に調べてもよいでしょう。ゲーム感覚、イベント感覚で楽しめるはずです。

もちろん、図鑑は普段からペラペラめくって読むのも役に立ちます。その他、地図や宇宙のポスターを壁に貼るのもよい方法です。

勉強はリビングで行う

特に幼児から低学年の子はリビングで学習するようにします。家で勉強することに慣れていませんし、勉強の仕方そのものもわかっていないことが多いからです。

親は、子どもが困ったことがあればすぐに手を差し伸べられるように、近くにいるとよいでしょう。子どもに安心感が生まれます。

理想は子どもの斜め後ろあたりです。斜め後ろだと、子どもの様子がよくわかります。鉛筆が止まっていたり、勉強に飽きてしまったりすれば、すぐに気づいて助けられます。

本棚に子どもの本と大人の本を一緒に保管する

できればリビングに本棚を置くようにしましょう。すきま時間や自由時間に、いつでも本の世界に飛び込めるよう、手に取りやすい位置に置きたいものです。

子ども用と大人用と分けず、あえて同じ本棚に並べる方法もあります。高学年になると背伸びをして大人向けの本を手に取るようになるかもしれません。

子どもを読書好きにするには、大人が読書を楽しむことです。大人が日常的に本を読んでいると、子どもも自然と本に手が伸びます。

家庭訪問をしていると、リビングに本棚のある家庭の子は、成績がよいことが多いのに気づきます。知的な情報に触れるのは楽しいこと、素敵なこと、知性は磨いていくもの、と親のふるまいで伝えていきましょう。

お手伝いをさせる

お手伝いには脳を鍛える場面が多くあります。

たとえば料理は、家事の中でもっとも脳を使います。できあがりを想定しながら、段取りよく材料を用意し、調理を進めていく。その過程で、包丁など道具の使い方を学び、慣れていきます。

掃除をするのも、洗濯物をたたむのも同様です。脳を鍛えるため、生きていく力をつけるため、お手伝いもまた親が子に伝えることでしょう。

なお、**お手伝いは親の気まぐれではなく、役割を決めて責任を与えましょう。**ゴミ捨てや玄関の掃除、ペットの餌やりなど、簡単なことでもかまいません。責任を持つことで、家族の一員としての自覚も生まれてきます。これも、大人へと成長させるために必要なものです。

Summary

環境を整えて、親が自ら知性を磨く姿勢を見せましょう。

Part

04

勉強時間で学習の成果を測らない

苦労して勉強するより、楽しく勉強したほうがよい

日本人には根性理論が根深く残っているようで、どうしても「苦労したらその分、報われる」「歯をくいしばって努力したら、厚い壁も突破できる」と考える人が多くいます。

苦労はしないほうがいいに決まっていると思いませんか。必要のない苦労をせず、楽しく勉強して、まっすぐ素直に育った人のほうが、大人になってからよい人生を歩んでいけるものです。

純粋さを持ち続けていれば、人生は何歳になっても驚きの連続、楽しいことが増えていくでしょう。

ここまでは多くの人に共感してもらえるのですが、人は自分の子どものことになる

集中力と学力の関係

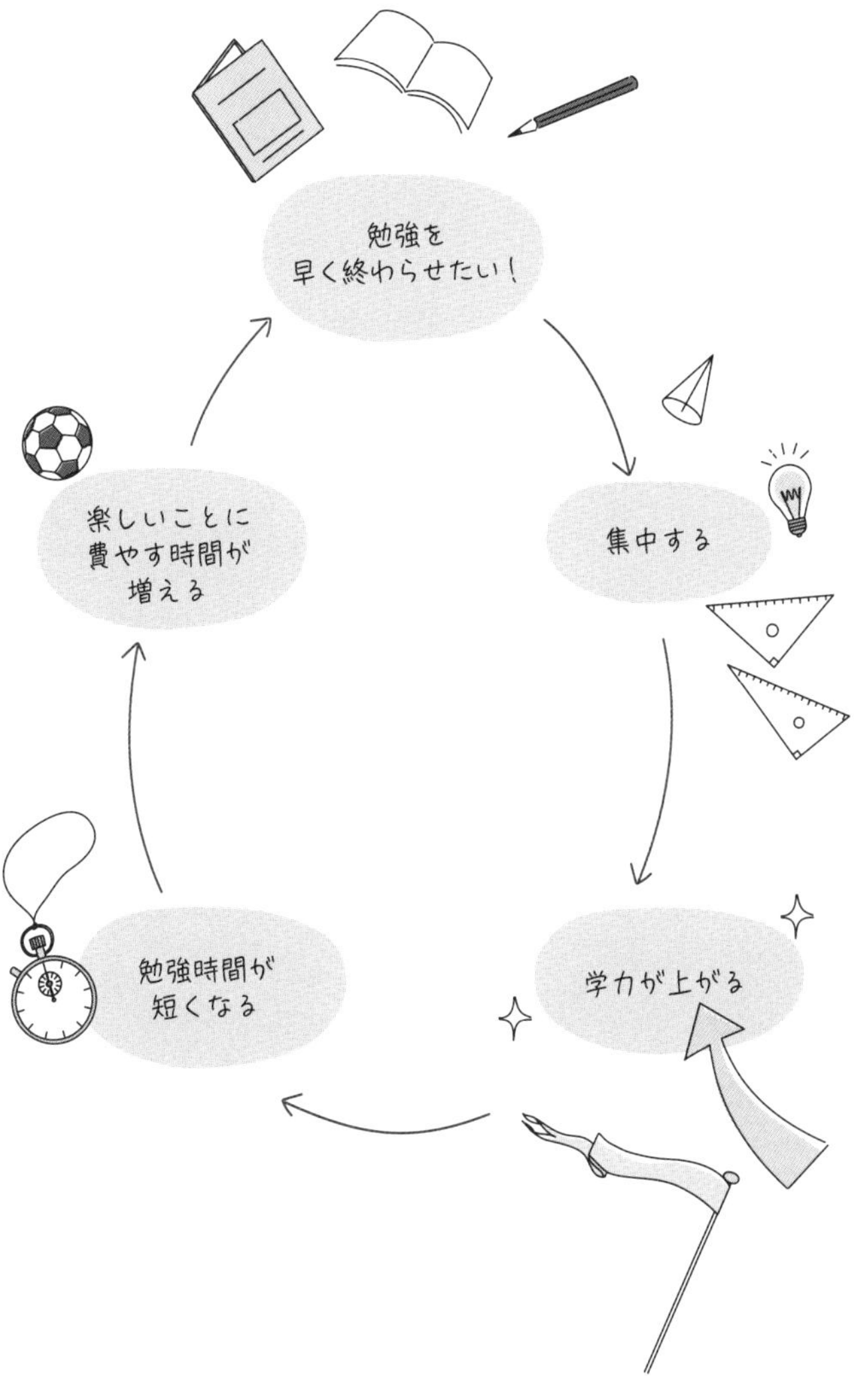
勉強を
早く終わらせたい！
集中する
学力が上がる
勉強時間が
短くなる
楽しいことに
費やす時間が
増える

ととたんに冷静さを失ってしまいます。

長時間勉強を強いたり、基礎もできていないのに難問が解けないとカリカリしたりします。それは親の側に、必ず伸びるという自信がないからかもしれません。

親が「15分くらいかかるかな」と予想した課題を、子どもは10分で済ませてしまった。うれしくて「できたよ」と持ってくると、「速かったね。じゃあ あまった時間でこのプリントやろう」と課題を追加してしまう。

こんなことをしていたら、子どもは次から10分で済む課題に、ダラダラ30分かけるようになります。努力と根性の落とし穴に落ちないようにしましょう。

ダラダラ学習は学力を下げる

実は、勉強ができる子ほど勉強時間が短いという調査があります。

『プレジデントファミリー 小学生からの知育大百科２０１６ 完全保存版』（プレジデント社）というムックの特集では、「東大生はその他の大学の学生より宿題にかける時間が極端に短い」というアンケート調査結果がありました。

東大生は頭がいいからすぐに終わる、というだけではありません。それもありますが、むしろ大切なのは、「宿題を早く終わらせようと集中するから学力が向上した」ということなのです。

ある一定量の作業があるとしたら、短時間で終わらせるほど生産性が高い。集中して短時間で終えるほうがよいのは当然ですが、親に自信がないと、つらくても長時間勉強している子どもの姿に安心してしまうのです。

子どものダラダラ学習のきっかけが実は親であることは多いのです。

Summary

勉強は時間ではなく、どれだけ集中できたかで測りましょう。

\ Part /

05

教えすぎない指導者がスピード学習を実現する

基礎力と集中力があれば吸収率が高まっている

子どもの勉強を見守っていると、親はついつい教えてあげたくなります。しかし、**説明を尽くすことはあまり好ましくありません。**

子どもが基礎的な学力を身につけていて、集中力を発揮できる状態であれば、新しい単元の追い越し学習でも吸収力が高まっています。子どもが集中しているなら、黙って見守りましょう。

実際、**徹底反復の学習が定着してくると、子どもたちの学習は日を追ってスピードアップしていきます。**むずかしい問題も解けるようになり、解説することが少なくなっていきます。

私が現場にいた頃は、スピードアップした子どもたちに合わせて、授業もスピードアップしていました。

たとえば2～3時間分の授業、ときには1週間分の授業を1時間でやってしまうという荒技です。5年生では「速さ、時間、道のり」があります。教科書では、速さ、時間、道のりを1時間ずつ勉強するようになっているのですが、本来は3つがからみ合った問題です。

そのため、問題の数値を単純なものにして、1時間で学習するようにしました。当然、時間はあまりますから、あまった時間は演習に使って理解を深めていきます。こうすると、はるかに理解が早く、確実でした。「ゆっくりていねい」は、実は得策ではないのです。

高速授業の具体的な方法

この高速授業という方法を、実は私はあまり公言していませんでした。常識外れとされるのが目に見えていたからです。ところが、ある小学校からその方法を見せてほしいと依頼され、思い切ってやってみせることにしました。

このときは3時間分の授業を1時間で終える授業でした。早口で説明するわけではありません。

まず、**単純化した数字を用いて例題を解いてみせながら、最低限の説明をします。その後、いきなり演習問題を与えて子ども自身で解いていきます。**

もちろん、解くのに苦労したり、わからない子はいますから、「解けない子は前においで」と声をかけると、教卓の周りに数人の子どもが集まります。

そうしたら、自力でやっている子どもたちに聞こえないよう、小さな声でやりとりしながら指導していきます。コツは、同じ説明を何度も繰り返すことです。

同じ説明を何度も聞くことで理解できたら、自分の机に戻って演習問題に取り組みます。百ます計算で十分な基礎力が備わっていることが条件ですが、基礎が固まっていればこの方法をとることができるのです。

その後、この小学校では高速授業を極め、「45分授業のうち、先生が話すのはほんの数分」という神がかった授業にまで進化させていきました。子どもの聞いて理解する能力が極限まで高まったからです。

現在、個に応じたていねいな指導が模索されていますが、大人があぁだこうだと理屈を説明しすぎるのは子どもの成長を阻害しかねません。飲み込みが早い子も、遅い子も、**ていねいな説明にうんざりして聞かなくなってしまう可能性が高い**からです。

それよりも、子ども自身が演習を積む過程で理解を深めたほうが、確実に力になっていきます。

無駄な言葉は廃して、説明するときにも短く。教材に書いてある説明方法を一緒に音読するくらいにします。説明方法は変えず、聞かれたことに答えるくらいで十分です。教えすぎず、子どもが一人でこなしたら、「こんなに進んだの！」と感激してみせましょう。

私が授業をした子どもたちも、「3日分が1日で終わったよ。がんばったね」と言うと、自信に満ちた表情をしていました。

Summary

親が自らあれこれと教えすぎないようにしましょう。

巻末

資料

学年別 漢字 配当表と 書き取り問題の例

書き取り問題の出典／『早ね早おき朝5分ドリル 漢字』1年生～6年生。

1年生

一右雨円王音下火花貝学気
九休玉金空月犬見五口校左
三山子四糸字耳七車手十出
女小上森人水正生青夕石赤
千川先早草足村大男竹中虫
町天田土二日入年白八百文
木本名目立力林六

（80字）

・たのしい □《おん》楽《がく》を きく。

・地《ち》□《か》で もの□《おと》が する。

・こんやの □《つき》は、まん□《げつ》だ。

・□《あ》き地《ち》で □《いぬ》を あそばせる。

・□□《かざん》の よう□《す》を 見《み》る。

・□《やま》のぼりを する。

・□《て》紙《がみ》を □《だ》す。

・リレーの せん□《しゅ》に えらばれる。

・おく□《じょう》に □《のぼ》る。

・□《い》り□《ぐち》から □《はい》る。

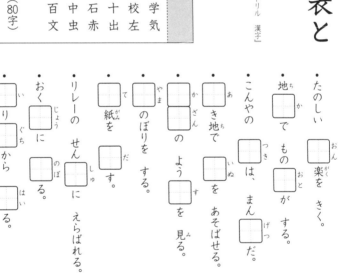

2年生

引羽雲園遠何科夏家歌画回
会海絵外角楽活間丸岩顔汽
記帰弓牛魚京強教近兄形計
元言原戸古午後語工公広交
光考行高黄合谷国黒今才細
作算止市矢姉思紙寺自時室
社弱首秋週春書少場色食心
新親図数西声星晴切雪船線
前組走多太体台地池知茶昼
長鳥朝直通弟店点電刀冬当
東答頭同道読内南肉馬売買
麦半番父風分聞米歩母方北
毎妹万明鳴毛門夜野友用曜
来里理話

（160字）

- □《ひ》き算《ざん》を 教《おそ》わる。
- 家《いえ》の □《ちか》くで あそぶ。
- □□《がいこく》で くらそうと □《かんが》える。
- □□《ごうけい》で 千円だ。
- □《くろ》くて □《ほそ》い ひも。
- ピアノの □□《てんさい》。
- □□《けいさん》と □□《こうさく》が とくいだ。
- □《し》ぜんの 中で あそぶ。
- □□《きょうしつ》に 入る □□《じかん》だ。
- 野《や》さいが □□《ちゅうしん》の □□《ゆうしょく》。

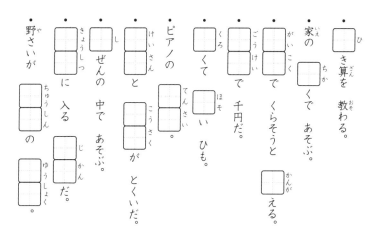

3年生

悪安暗医委意育員院飲運泳駅央横
屋温化荷界開階寒感漢館岸起期客
究急級宮球去橋業曲局銀区苦具君
係軽血決研県庫湖向幸港号根祭皿
仕死使始指歯詩次事持式実写者主
守取酒受州拾終習集住重宿所暑助
昭消商章勝乗植申身神真深進世整
昔全相送想息速族他打対待代第題
炭短談着注柱丁帳調追定庭笛鉄転
都度投豆島湯登等動童農波配倍箱
畑発反坂板皮悲美鼻筆氷表秒病品
負部服福物平返勉放味命面問役薬
由油有遊予羊洋葉陽様落流旅両緑
礼列練路和

（200字）

- かけ算の九九を□□《あんき》する。
- □□《おくがい》プールで、□□《すいえい》を習《なら》う。
- えい□□《がかん》の□《きゃく》席《せき》にすわる。
- 兄は□□《きょねん》、小学校を卒《そつ》□《ぎょう》した。
- □《けつ》えきの□□《けんきゅう》をする。
- □□《こううん》をいのる。
- 作品《さくひん》を□□《しあ》げる。
- □□《がくしゃ》が□《じっ》験《けん》を行う。
- 百年後の□□《せかい》を□《そう》ぞうする。
- みんなの□□《きたい》にこたえる。

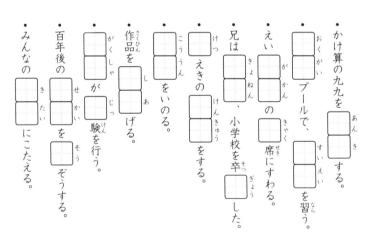

4年生

愛案以衣位茨印英栄媛塩岡億加果
貨課芽賀改械害街各覚潟完官管関
観願岐希季旗器機議求泣給挙漁共
協鏡競極熊訓軍郡群径景芸欠結建
健験固功好香候康佐差菜最埼材崎
昨札刷察参産散残氏司試児治滋辞
鹿失借種周祝順初松笑唱焼照城縄
臣信井成省清静席積折節説浅戦選
然争倉巣束側続卒孫帯隊達単置仲
沖兆低底的典伝徒努灯働特徳栃奈
梨熱念敗梅博阪飯飛必票標不夫付
府阜富副兵別辺変便包法望牧末満
未民無約勇要養浴利陸良料量輪類
令冷例連老労録

（202字）

- □□《えいご》で道を□□《あんない》する。
- □□□《がいこうかん》の仕事に□□《かんしん》がある。
- □□《かいぎ》で□□《きょしゅ》して発言する。
- □□《ししょく》会に□□《さんか》する。
- □《しゅう》囲《い》に□《わら》い□《ごえ》がひびく。
- □□《しょうせつ》が□□《かんせい》した。
- □□《けっそく》して□□《せんそう》に反対する。
- 漢字テストで満点《まんてん》を□□《もくひょう》にする。
- 大豆が□□《げんりょう》の食品は□□《しゅるい》が多い。
- 一円玉の□□《ちょっけい》は二センチメートルだ。

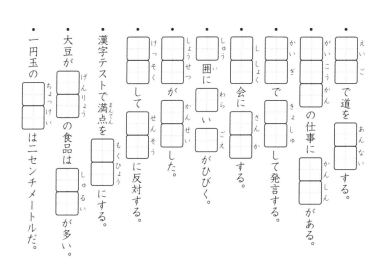

5年生

圧囲移因永営衛易益液演応往桜
可仮価河過快解格確額刊幹慣眼
紀基寄規喜技義逆久旧救居許境
均禁句型経潔件険検限現減故個
護効厚耕航鉱構興講告混査再災
妻採際在財罪殺雑酸賛士支史志
枝師資飼示似識質舎謝授修述術
準序招証象賞条状常情織職制性
政勢精製税責績接設絶祖素総造
像増則測属率損貸態団断築貯張
停提程適統堂銅導得毒独任燃能
破犯判版比肥非費備評貧布婦武
復複仏粉編弁保墓報豊防貿暴脈
務夢迷綿輸余容略留領歴

（193字）

- □□《えいえん》の平和を願う。
- 説明を□□《かくじつ》に□□《りかい》する。
- 帰り道で□□□《きゅうきゅうしゃ》を見た。
- 薬の□□□□《ゆうこうきげん》が切れる。
- □□□《ぶんかざい》をこわすと□《つみ》になる。
- 新しい□□《こうしゃ》で□□《じゅぎょう》を受ける。
- 試合のために選手を□□《しょうしゅう》する。
- お金の□《か》し□《か》りはしないほうがよい。
- □□《ねんりょう》の価格《かかく》を□《くら》べる。
- 災害《さいがい》にあった都市が□□《ふっこう》する。

6年生

胃異遺域宇映延沿恩我灰拡革閣
割株干巻看簡危机揮貴疑吸供胸
郷勤筋系敬警劇激穴券絹権憲源
厳己呼誤后孝皇紅降鋼刻穀骨困
砂座済裁策冊蚕至私姿視詞誌磁
射捨尺若樹収宗就衆従縦縮熟純
処署諸除承将傷障蒸針仁垂推寸
盛聖誠舌宣専泉洗染銭善奏窓創
装層操蔵臓存尊退宅担探誕段暖
値宙忠著庁頂腸潮賃痛敵展討党
糖届難乳認納脳派拝背肺俳班晩
否批秘俵腹奮並陛閉片補暮宝訪
亡忘棒枚幕密盟模訳郵優預幼欲
翌乱卵覧裏律臨朗論

（191字）

- この夏の暑さは□□《いじょう》だ。
- 私《わたし》の母は□□□《かんごし》だ。
- □□□□《はんしんはんぎ》で話を聞く。
- □□□《りこてき》な行動を□□《げんきん》する。
- 明治《めいじ》□□《いこう》の日本の□□《けいざい》を調べる。
- □□《しゅうしょく》して□□《しゅうにゅう》を得る。
- □□《うちゅう》の星の□□《たんじょう》をさぐる。
- 山の□□《ちょうじょう》に□□□《てんぼうだい》がある。
- □□□《れいぞうこ》から□《たまご》を取り出す。
- 新しい□□《ほうりつ》について□□《ぎろん》する。

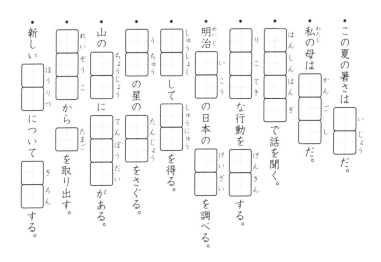

●十ます計算・足し算

①日目　（　）がつ　（　）にち　　十ますけいさん たしざん

十ますたしざんをしましょう。

+	1	5	4	8	2	9	0	7	3	6
1										

（　ふん　びょう）

+	1	5	4	8	2	9	0	7	3	6
9										

（　ふん　びょう）

+	1	5	4	8	2	9	0	7	3	6
2										

（　ふん　びょう）

+	1	5	4	8	2	9	0	7	3	6
8										

（　ふん　びょう）

+	1	5	4	8	2	9	0	7	3	6
3										

（　ふん　びょう）

+	1	5	4	8	2	9	0	7	3	6
7										

（　ふん　びょう）

+	1	5	4	8	2	9	0	7	3	6
4										

（　ふん　びょう）

+	1	5	4	8	2	9	0	7	3	6
6										

（　ふん　びょう）

+	1	5	4	8	2	9	0	7	3	6
5										

（　ふん　びょう）

徹底反復「プレ百ます計算」（小学館）

●十ます計算・引き算

①日目　　がつ　　にち　　十ますけいさん ひきざん

十ますひきざんをしましょう。

−	13	16	11	19	15	10	17	12	18	14
1										

（　ふん　びょう）

−	13	16	11	19	15	10	17	12	18	14
9										

（　ふん　びょう）

−	13	16	11	19	15	10	17	12	18	14
2										

（　ふん　びょう）

−	13	16	11	19	15	10	17	12	18	14
8										

（　ふん　びょう）

−	13	16	11	19	15	10	17	12	18	14
3										

（　ふん　びょう）

−	13	16	11	19	15	10	17	12	18	14
7										

（　ふん　びょう）

−	13	16	11	19	15	10	17	12	18	14
4										

（　ふん　びょう）

−	13	16	11	19	15	10	17	12	18	14
6										

（　ふん　びょう）

−	13	16	11	19	15	10	17	12	18	14
5										

（　ふん　びょう）

徹底反復「プレ百ます計算」（小学館）

●百ます計算・足し算

1 日目　　月　　日　　●百ます計算● たし算

+	2	8	5	1	7	3	6	9	0	4
4										
5										
1										
8										
3										
9										
0										
2										
7										
6										

（　分　秒）

+	8	1	6	3	9	2	0	7	4	5
6										
2										
9										
4										
7										
0										
3										
5										
1										
8										

（　分　秒）

徹底反復「百ます計算」（小学館）

●百ます計算・引き算

1 日目　　月　　日

●百ます計算● ひき算

−	14	10	16	12	19	13	17	15	18	11
7										
4										
8										
0										
6										
3										
5										
1										
9										
2										

（　分　秒）

−	15	13	11	18	10	16	19	17	14	12
6										
2										
4										
0										
3										
1										
8										
5										
7										
9										

（　分　秒）

徹底反復「百ます計算」（小学館）

●百ます計算・かけ算

1 日目　　　月　　日

●百ます計算● かけ算

×	3	8	6	2	9	0	7	5	1	4
2										
7										
5										
0										
6										
3										
9										
1										
4										
8										

（　分　秒）

×	5	7	0	9	1	3	8	2	4	6
8										
1										
6										
9										
4										
7										
2										
0										
5										
3										

（　分　秒）

徹底反復「百ます計算」（小学館）

●百割計算

1 日目　　月　　日　　あまりのある **わり算 100**

12 ÷ 8 = …	22 ÷ 8 = …	13 ÷ 7 = …	13 ÷ 8 = …
41 ÷ 7 = …	70 ÷ 8 = …	62 ÷ 8 = …	10 ÷ 3 = …
11 ÷ 8 = …	25 ÷ 9 = …	51 ÷ 9 = …	41 ÷ 6 = …
22 ÷ 6 = …	40 ÷ 6 = …	54 ÷ 7 = …	52 ÷ 8 = …
33 ÷ 7 = …	61 ÷ 7 = …	20 ÷ 9 = …	20 ÷ 7 = …
71 ÷ 8 = …	70 ÷ 9 = …	30 ÷ 8 = …	31 ÷ 7 = …
31 ÷ 4 = …	53 ÷ 6 = …	55 ÷ 8 = …	54 ÷ 8 = …
21 ÷ 6 = …	30 ÷ 7 = …	20 ÷ 6 = …	21 ÷ 9 = …
32 ÷ 7 = …	12 ÷ 9 = …	43 ÷ 9 = …	33 ÷ 9 = …
22 ÷ 9 = …	35 ÷ 9 = …	26 ÷ 9 = …	13 ÷ 9 = …
52 ÷ 7 = …	10 ÷ 7 = …	21 ÷ 8 = …	62 ÷ 7 = …
60 ÷ 8 = …	14 ÷ 8 = …	60 ÷ 9 = …	80 ÷ 9 = …
31 ÷ 9 = …	53 ÷ 9 = …	23 ÷ 6 = …	11 ÷ 7 = …
10 ÷ 6 = …	10 ÷ 4 = …	55 ÷ 7 = …	17 ÷ 9 = …
51 ÷ 8 = …	11 ÷ 3 = …	50 ÷ 6 = …	11 ÷ 9 = …
71 ÷ 9 = …	32 ÷ 9 = …	52 ÷ 6 = …	31 ÷ 8 = …
30 ÷ 4 = …	10 ÷ 8 = …	10 ÷ 9 = …	50 ÷ 9 = …
34 ÷ 9 = …	40 ÷ 9 = …	53 ÷ 8 = …	51 ÷ 6 = …
20 ÷ 3 = …	61 ÷ 8 = …	23 ÷ 9 = …	50 ÷ 8 = …
23 ÷ 8 = …	11 ÷ 6 = …	53 ÷ 7 = …	42 ÷ 9 = …
62 ÷ 9 = …	20 ÷ 8 = …	14 ÷ 9 = …	50 ÷ 7 = …
15 ÷ 8 = …	15 ÷ 9 = …	51 ÷ 7 = …	16 ÷ 9 = …
11 ÷ 4 = …	60 ÷ 7 = …	61 ÷ 9 = …	34 ÷ 7 = …
24 ÷ 9 = …	44 ÷ 9 = …	12 ÷ 7 = …	63 ÷ 8 = …
30 ÷ 9 = …	52 ÷ 9 = …	41 ÷ 9 = …	40 ÷ 7 = …

（　　分　　秒）

徹底反復「百ます計算」（小学館）

●算数　各学年の主要単元とつまずきやすい単元（1～2年生）

	領域	1年生	2年生
算数	A 数と計算	・2位数（2けたの数） ・簡単な3位数（3けたの数） **◎1位数（1けたの数）の足し算とその逆の引き算** ・簡単な2位数などの足し算、引き算	・4位数（4けたの数） ・1/2、1/3 など、簡単な分数 ・2位数の足し算とその逆の引き算 **◎簡単な3位数の足し算、引き算** **◎かけ算九九** **◎簡単な2位数と1位数のかけ算**
	B 図形	**◎身の回りにあるものの形や特徴** ・方向とものの位置の表し方	**◎三角形、四角形** **◎正方形、長方形、直角三角形** **◎正方形や長方形の面で構成される箱の形**
	C 測定	・長さ、広さ、かさなどの量を比べる **◎時刻（何時何分）を読む**	**◎長さの単位と測定（mm、cm、m）** **◎かさの単位と測定（mL、dL、L）** **◎時刻と時間の単位（日、時、分）**
	D データの活用	・絵や図を用いた数量の表し方（絵グラフ）	・簡単な表やグラフ
用語・記号		一の位　十の位　＋　－　＝	直線　直角　頂点　辺　面 単位　×　＞　＜

＊小学校学習指導要領（平成29年告示）
＊◎から始まる太字は特に重要な単元

●算数　各学年の主要単元とつまずきやすい単元（3～4年生）

	領域	3年生	4年生
算数	A 数と計算	・万の単位 **◎10倍、100倍、1000倍、1/10の大きさの数** **◎3位数や4位数の足し算、引き算** **◎2位数や3位数に、1位数や2位数をかけるかけ算** ・かけ算に関して成り立つ性質 ・割る数と商が1位数の割り算 ・簡単な場合の、割る数が1位数で商が2位数の割り算 ・小数 **◎1/10の位までの小数の足し算、引き算** ・分数 **◎簡単な分数の足し算、引き算** ・□を用いた式 ・そろばんによる足し算、引き算	**◎億、兆の単位、十進位取り記数法** ・概数と四捨五入 ・四則計算の結果の見積り ・割る数が1位数や2位数で、割られる数が2位数や3位数の割り算 **◎（割られる数）=（割る数）×（商）＋（余り）の関係** ・小数（1/1000の位まで） ・1/1000の位までの小数の足し算、引き算 ・小数のかけ算、割り算（小数×整数、小数÷整数） ・分数（真分数、仮分数、帯分数） ・分母が同じ分数の足し算、引き算 ・四則の混じった式や（　）を用いた式の計算の順序 ・四則に関して成り立つ性質（交換法則、結合法則、分配法則） ・そろばんによる大きな数や簡単な小数の足し算、引き算
	B 図形	**◎二等辺三角形、正三角形** **◎角** **◎円** **・球**	・直線の平行や垂直の関係 ・平行四辺形、ひし形、台形 ・立方体、直方体 ・直線や平面の平行や垂直の関係 **◎見取図、展開図** **◎ものの位置の表し方** **◎面積の単位（cm²、m²、km²、a、ha）** ・正方形、長方形の面積の求め方 ・角の大きさの単位（度（°））
	C 測定（3年生） C 変化と関係（4年生）	**◎長さの単位（km）** **◎重さの単位（g、kg、t）** **◎時間の単位（秒）** **◎時刻や時間**	・2つの数量の変化の様子を表や式、折れ線グラフを用いて表す **◎簡単な場合についての割合**
	D データの活用	・データの分類整理と簡単な二次元表 **◎棒グラフ**	・データを二つの観点から分類整理する方法と二次元表 ・折れ線グラフ
用語・記号		等号　不等号　数直線　小数点 1/10の位　分母　分子　÷	和　差　積　商　以上　以下　未満 真分数　仮分数　帯分数　平行 垂直　対角線　平面

＊小学校学習指導要領（平成29年告示）

＊◎から始まる太字は特に重要な単元、色マーカーはつまずきやすい単元

●算数　各学年の主要単元とつまずきやすい単元（5～6年生）

	領域	5年生	6年生
算数	A 数と計算	・偶数と奇数 **◎約数と倍数** **◎ 10倍、100倍、1000倍、1/10、1/100 などの大きさの数** **◎小数のかけ算、割り算** **◎整数や小数を分数で表したり、分数を小数で表したりする** **◎整数の割り算の結果は分数で表せること** **◎通分と約分** ・分数の大小を比べる **◎分母の異なる分数の足し算、引き算**	**◎分数のかけ算、割り算** **◎α、x などの文字を用いた式**
	B 図形	・図形の合同 ・三角形や四角形などの角の大きさの和 ・正多角形 ・円周の長さ、円周率 ・角柱や円柱 ・三角形，平行四辺形，ひし形，台形の面積の求め方 ・体積の単位（㎤，㎥） ・立方体や直方体の体積の求め方	・縮図や拡大図 ・対称な図形（線対称、点対称） **・円の面積の求め方** **・角柱、円柱の体積の求め方**
	C 変化と関係	・簡単な場合の比例の関係 **・速さなど単位量当たりの大きさ** **・割合、百分率（%）**	**◎比例** **◎反比例** **◎比**
	D データの活用	**◎円グラフや帯グラフ** **・測定値の平均**	・データの代表値(平均値、中央値、最頻値) ・度数分布を表す表とグラフ（度数分布表、ヒストグラム） ・起こり得る場合の数
用語・記号		最大公約数　最小公倍数　通分　約分　底面　側面　比例　%	線対称　点対称　対称の軸　対称の中心　比の値　ドットプロット　平均値　中央値　最頻値　階級　：

＊小学校学習指導要領（平成 29 年告示）

＊◎から始まる太字は特に重要な単元、色マーカーはつまずきやすい単元

＜**本書で紹介しているおすすめ教材**＞　※価格はすべて消費税込

『陰山メソッド　徹底反復　ニガテ克服シリーズ』小学館／660～770円
『陰山メソッド　たったこれだけプリント』小学館
１年生～６年生／各550～770円

『テストの点が上がる練習テスト』Gakken
小１～小６／各1,430～1,870円

『学研の総復習ドリル』Gakken　小学１年～小学６年／各715円
計算：小学１年～小学３年、漢字：小学１年～小学３年／各583円

『学研おうちゼミ』Gakken
1年生の学習～6年生の学習／各3,300～3,960円

『早ね早おき朝５分ドリル』Gakken
計算：小１～小６、算数文章題：小１～小３、漢字：小１～小６、国語文章読解：小１～小６／各660円

『学研の夏休みドリル』Gakken　小学１年～小学６年／各660円
計算：小学１年～３年、かん字・ことば：小学１年、漢字：小学２年～小学3年／各583円
『陰山メソッド　徹底反復「プレ百ます計算」』小学館／660円

『陰山メソッド　徹底反復「百ます計算」』小学館／660円

『陰山メソッド　徹底反復　○年生の漢字』小学館　１年生～６年生／各990円

『陰山メソッド　徹底反復　音読プリント』小学館／各660円

＜**本書で紹介しているおすすめハイレベル問題集**＞　※値段はすべて消費税込

『ハイレベ１００問題集』奨学社
算数・国語・漢字・読解力　小学１年～小学３年／各880円

『最レベ問題集』奨学社
算数・国語　小学１年～小学３年／各1,320円

『Ｚ会グレードアップ問題集』Ｚ会
計算・図形：小学１年～小学６年、文章題：小学１年～小学６年、漢字・言葉：小学１年～小学４年、読解：小学１年～小学４年、国語：小学５年～小学６年／各880～1,100円

『トップクラス問題集』文理
国語・算数　小学１年～４年／各1,430～1,650円

★品切の可能性がありますので、各出版社のホームページ等で最新情報をご確認ください。

陰山流　新・おうち学習戦略

2023年 3 月21日　第1刷発行
2024年 3 月20日　第6刷発行

著　者　　陰山英男
発行人　　土屋徹
編集人　　滝口勝弘
担当編集　　澄田典子　曽田夏野
発行所　　株式会社Gakken
〒141-8416　東京都品川区西五反田2-11-8
印刷所　　大日本印刷株式会社

装丁・デザイン　キガミッツ（森田恭行）
編集・本文デザイン・DTP　野村佳代・伊延あづさ・佐藤純（株式会社アスラン編集スタジオ）
カバーイラスト　kakecco
本文イラスト　吉村堂（株式会社アスラン編集スタジオ）
校正・協力　石原実　遠藤理恵　鈴木瑞穂　株式会社文字工房燦光

〈この本に関する各種お問い合わせ先〉
●本の内容については、
下記サイトのお問い合わせフォームよりお願いします。
https://www.corp-gakken.co.jp/contact/
●在庫については
☎03-6431-1199（販売部）
●不良品（落丁、乱丁）については
☎0570-000577
学研業務センター
〒354-0045 埼玉県入間郡三芳町上富279-1
●上記以外のお問い合わせは
☎0570-056-710（学研グループ総合案内）

★本書で紹介している情報・データは2023年2月時点のものです。

毎日《まいにち》やること

百《ひゃく》ます計算《けいさん》

毎日《まいにち》、百《ひゃく》ます計算《けいさん》をして、かならずタイムを計《はか》ろう。4週間《しゅうかん》つづけたら、どのぐらいタイムがちぢまるかな？

漢字《かんじ》

自分《じぶん》の持《も》っている漢字《かんじ》ドリルを、ページを決《き》めて毎日《まいにち》やろう。

音読《おんどく》

自分《じぶん》の持《も》っている漢字《かんじ》ドリルや国語《こくご》の教科書《きょうかしょ》を、声《こえ》に出して読《よ》もう。

その他《た》

毎日《まいにち》取《と》り組《く》みたいことがあればここに書《か》いて目標《もくひょう》にしよう。
例《れい》　アサガオに水《みず》をやる。本《ほん》を読《よ》む。なわとびをする。

年　月　日（　）

☑百《ひゃく》ます計算《けいさん》　分《ふん》　秒《びょう》

☑漢字《かんじ》

☑音読《おんどく》

☑その他《た》

ひとこと日記《にっき》

年　月　日（　）

☑百《ひゃく》ます計算《けいさん》　分《ふん》　秒《びょう》

☑漢字《かんじ》

☑音読《おんどく》

☑その他《た》

ひとこと日記《にっき》

年　月　日（　）

☑ 百《ひゃく》ます計算《けいさん》　分《ふん》　秒《びょう》

☑ 漢字《かんじ》

☑ 音読《おんどく》

☑ その他《た》

ひとこと日記《にっき》

年　月　日（　）

☑百《ひゃく》ます計算《けいさん》　分《ふん》　秒《びょう》

☑漢字《かんじ》

☑音読《おんどく》

☑その他《た》

ひとこと日記《にっき》

年　月　日（　）

☑百《ひゃく》ます計算《けいさん》　分《ふん》　秒《びょう》

☑漢字《かんじ》

☑音読《おんどく》

☑その他《た》

ひとこと日記《にっき》

年　月　日（　）

☑百《ひゃく》ます計算《けいさん》　分《ふん》　秒《びょう》

☑漢字《かんじ》

☑音読《おんどく》

☑その他《た》

ひとこと日記《にっき》

年　月　日（　）

☑百《ひゃく》ます計算《けいさん》　分《ふん》　秒《びょう》

☑漢字《かんじ》

☑音読《おんどく》

☑その他《た》

ひとこと日記《にっき》

年　月　日（　）

☑百《ひゃく》ます計算《けいさん》　分《ふん》　秒《びょう》

☑漢字《かんじ》

☑音読《おんどく》

☑その他《た》

ひとこと日記《にっき》

年　　月　　日（　　）

☑ 百《ひゃく》ます計算《けいさん》　　分《ふん》　　秒《びょう》

☑ 漢字《かんじ》

☑ 音読《おんどく》

☑ その他《た》

ひとこと日記《にっき》

年　月　日（　）

☑ 百《ひゃく》ます計算《けいさん》　分《ふん》　秒《びょう》

☑ 漢字《かんじ》

☑ 音読《おんどく》

☑ その他《た》

ひとこと日記《にっき》

年　月　日（　）

☑ 百《ひゃく》ます計算《けいさん》　分《ふん》　秒《びょう》

☑ 漢字《かんじ》

☑ 音読《おんどく》

☑ その他《た》

ひとこと日記《にっき》

年　　月　　日（　　）

☑百《ひゃく》ます計算《けいさん》　　分《ふん》　　秒《びょう》

☑漢字《かんじ》

☑音読《おんどく》

☑その他《た》

ひとこと日記《にっき》

年　月　日（　）

☑ 百《ひゃく》ます計算《けいさん》　分《ふん》　秒《びょう》

☑ 漢字《かんじ》

☑ 音読《おんどく》

☑ その他《た》

ひとこと日記《にっき》

年　月　日（　）

☑ 百《ひゃく》ます計算《けいさん》　分《ふん》　秒《びょう》

☑ 漢字《かんじ》

☑ 音読《おんどく》

☑ その他《た》

ひとこと日記《にっき》

年　月　日（　）

☑百《ひゃく》ます計算《けいさん》　分《ふん》　秒《びょう》

☑漢字《かんじ》

☑音読《おんどく》

☑その他《た》

ひとこと日記《にっき》

年　月　日（　）

☑百《ひゃく》ます計算《けいさん》　分《ふん》　秒《びょう》

☑漢字《かんじ》

☑音読《おんどく》

☑その他《た》

ひとこと日記《にっき》

年　　月　　日（　　）

☑百《ひゃく》ます計算《けいさん》　　分《ふん》　　秒《びょう》

☑漢字《かんじ》

☑音読《おんどく》

☑その他《た》

ひとこと日記《にっき》

年　月　日（　）

☑百《ひゃく》ます計算《けいさん》　分《ふん》　秒《びょう》

☑漢字《かんじ》

☑音読《おんどく》

☑その他《た》

ひとこと日記《にっき》

年　月　日（　）

百《ひゃく》ます計算《けいさん》　分《ふん》　秒《びょう》

漢字《かんじ》

音読《おんどく》

その他《た》

ひとこと日記《にっき》

年　月　日（　）

☑百《ひゃく》ます計算《けいさん》　分《ふん》　秒《びょう》

☑漢字《かんじ》

☑音読《おんどく》

☑その他《た》

ひとこと日記《にっき》

年　月　日（　）

☑ 百《ひゃく》ます計算《けいさん》　　分《ふん》　　秒《びょう》

☑ 漢字《かんじ》

☑ 音読《おんどく》

☑ その他《た》

ひとこと日記《にっき》

年　月　日（　）

☑百《ひゃく》ます計算《けいさん》　分《ふん》　秒《びょう》

☑漢字《かんじ》

☑音読《おんどく》

☑その他《た》

ひとこと日記《にっき》

年　月　日（　）

☑百《ひゃく》ます計算《けいさん》　分《ふん》　秒《びょう》

☑漢字《かんじ》

☑音読《おんどく》

☑その他《た》

ひとこと日記《にっき》

年　　月　　日（　　）

☑百《ひゃく》ます計算《けいさん》　　分《ふん》　　秒《びょう》

☑漢字《かんじ》

☑音読《おんどく》

☑その他《た》

ひとこと日記《にっき》

年　月　日（　）

☑ 百《ひゃく》ます計算《けいさん》　分《ふん》　秒《びょう》

☑ 漢字《かんじ》

☑ 音読《おんどく》

☑ その他《た》

ひとこと日記《にっき》

年　月　日（　）

☑ 百《ひゃく》ます計算《けいさん》　　分《ふん》　　秒《びょう》

☑ 漢字《かんじ》

☑ 音読《おんどく》

☑ その他《た》

ひとこと日記《にっき》

年　月　日（　）

☑百《ひゃく》ます計算《けいさん》　分《ふん》　秒《びょう》

☑漢字《かんじ》

☑音読《おんどく》

☑その他《た》

ひとこと日記《にっき》

年　月　日（　）

☑百《ひゃく》ます計算《けいさん》　　分《ふん》　　秒《びょう》

☑漢字《かんじ》

☑音読《おんどく》

☑その他《た》

ひとこと日記《にっき》

年　月　日（　）

☐ 百《ひゃく》ます計算《けいさん》　分《ふん》　秒《びょう》

☐ 漢字《かんじ》

☐ 音読《おんどく》

☐ その他《た》

ひとこと日記《にっき》

年　月　日（　）

☑百《ひゃく》ます計算《けいさん》　分《ふん》　秒《びょう》

☑漢字《かんじ》

☑音読《おんどく》

☑その他《た》

ひとこと日記《にっき》

年　月　日（　）

☑百《ひゃく》ます計算《けいさん》　分《ふん》　秒《びょう》

☑漢字《かんじ》

☑音読《おんどく》

☑その他《た》

ひとこと日記《にっき》